Collection " In Extenso "

GEORGES D'ESPARBÈS

LES DERNIERS LYS

Illustrations de
G. CONRAD

LA RENAISSANCE DU LIVRE
78, Boulevard Saint-Michel — PARIS

LES DERNIERS LYS

GEORGES D'ESPARBÈS

LES DERNIERS LYS

ILLUSTRATIONS DE G. CONRAD

PARIS

LA RENAISSANCE DU LIVRE

78, BOULEVARD ST-MICHEL, 78

GEORGES D'ESPARBÈS

Thomas-Auguste d'Esparbès, dit Georges d'Esparbès, est né à Valence-d'Agen, dans le département du Tarn-et-Garonne. Il est intéressant de relever ce point biographique si l'on veut expliquer le caractère de cette œuvre torrentueuse, pleine d'ardeur passionnée, de sauvage frénésie et de lyrisme : toujours vibrante, ruisselante de soleil et de pourpre, mêlant, en de truculentes et parfois magnifiques évocations, l'amour, l'orgie, la gloire, la mort à travers des champs de neige et de boue ensanglantés.

Les phrases roulent, emportées comme des cailloux dans l'impétuosité du courant. Il ne s'agit point de pureté ni d'élégance verbale, mais de phrases heurtées, massées comme des rangs d'hommes que courbe un vent d'épopée.

Ce n'est pas par la tenue que ce style se recommande, mais par l'élan, la fougue de périodes brèves ou sonores comme du métal, entraînées dans un mouvement irrésistible. Aucune distinction de vocabulaire et pourtant une recherche laborieuse de mots imaginés et rudes comme les héros de ces romans et les sentiments qui les animent. Et toujours, à travers toutes les pages, des régiments grondent, des escadrons halètent sur un horizon qu'ébranlent les canons.

C'est un grand art que celui d'émouvoir les foules, d'avoir fait revivre devant leurs yeux éblouis, en ce faste héroïque, les tragiques décors de l'inoubliable épopée.

Les principaux ouvrages de M. Georges d'Esparbès sont : *la Légende de l'Aigle* (1893) ; *les Yeux clairs* (1894) ; *la Guerre en Dentelles* (1896) ; *le Régiment* (1898) ; *les Derniers Lys* (1898) ; *les Demi-Solde* (1899) ; *le Roi* (1900).

Avec *la Légion étrangère* (1901), M. d'Esparbès abandonne, pour un temps, l'épopée impériale. C'est de tout autres grognards qu'il s'agit ici. Ce livre parut, à l'époque, d'une violence outrée, mais que d'auteurs, depuis, ont dépassé M. d'Esparbès dans l'audace des descriptions de ces mœurs !

Vinrent ensuite *la Légende de l'Outil* (1903) ; *le Tumulte* (1904) ; *la Soldate* (1905) ; *la Grogne* (1907) ; *le Briseur de fers* (1908) ; *le Vent du boulet* (1909).

Les spirituels auteurs d'*A la manière de...*, MM. Paul Reboux et Charles Muller, jeune et talentueux écrivain que la mort frappa au champ d'honneur, nous ont donné de M. Georges d'Esparbès un pastiche savoureux et mordant qui est aussi un morceau de souriante et parfaite critique.

M. Georges d'Esparbès est aujourd'hui conservateur du Palais de Fontainebleau. Il ne cesse de recueillir avec une piété fervente les souvenirs de la glorieuse et tragique épopée dont il s'est fait l'historien exalté.

N.-B : Le livre que nous publions aujourd'hui est le seul de l'œuvre de M. d'Esparbès où il soit question de l'amour.

LES DERNIERS LYS

AVERTISSEMENT

En publiant ce livre, je ne saurais prétendre ajouter le moindre document aux peintures de la première Restauration : dès que l'homme avance la main, le passé s'envole, un doigt sur la bouche. Mais après le cri de douleur que vient de pousser le monde entier, le public aura peut-être le goût de revivre en pensée dans une époque moins brillante que la nôtre, mais plus heureuse et plus calme.

Le sujet de ce livre me sollicita un jour que le téléphone, le phonographe, le sans-fil et autres machines électricides m'avaient exaspéré plus que de coutume, et j'imaginai le plaisir que j'aurais eu à vivre en un temps où ces choses n'existaient pas encore.

Voici donc, en passagères esquisses, l'image d'une société qui sut gracieusement vivre et mourir, sans le concours d'aucune industrie, et avec le plus parfait dédain du « progrès ».

Le Dernier Lys

— Le nom de cette dame, là-bas, vêtue à la mode ancienne?

— La marquise Hugues de la Suze de la Sudie, surnommée *le dernier Lys.*

— Quel âge?

— Mais tout au bout de soixante-cinq. N'en dites mot.

Un silence.

— Parfait. Comme j'ai de l'œil, voyez, je lui en donnais cinquante.

Cinquante ans, en effet, pas une minute de plus. Une frimoussette nichée dans une perruque à marteaux. Allongée dans les ramages d'un fauteuil, elle écoutait babiller trois dames, et l'index posé sur une mouche du menton, ironique, agaçait de coups de pointes sa jupe à la circassienne.

On était en 1816. Cette femme portait le bonnet de 1787, l'aigrette à droite, sur un chou. Personne ne riait ; elle était charmante.

C'était la fête des salons. On lui pardonnait, pour le charme du souvenir, ses idées, ses modes. On aimait ses gestes, on raffolait de ses tics d'antan. Pour ces blessés de l'émigration, sa venue était un baume ; quoique tombée, elle aussi, du grand arbre de la monarchie, elle avait l'air de refleurir, on sentait sur elle quelque chose de fané, de tué, qui revivait.

— Quel âge me donnez-vous?

Des amis de longtemps, qui dédaignaient de la flatter, lui dirent un jour :

— Mais, bouquet de lys, de quarante-huit à cinquante... pas plus.

— Quarante-huit ans? Ah ! je suis donc bien vieille...

Elle demeurait rue de Lille, dans l'appartement même où était morte la Clairon, princesse d'Anspach, et elle avait acquis de Mme de Lalicandrie, héritière de la tragédienne, une grande partie du mobilier en reprenant le bail des lieux. Ses fenêtres s'ouvraient sur l'ancien jardin d'Ozembray.

Lorsque sa voiture entrait dans la cour, à minuit, un siège fin garni d'accoudoirs, bombé d'un duvet de cygne à rendre fainéants les anges l'enlevait, la cueillait comme une fleur de soie précieuse. Un médecin attaché non à sa vie, mais à sa beauté, la faisait conduire sous des couvertures, dans sa chambre, où elle dormait jusqu'au lendemain. Là, commençaient le grand mystère, les cérémonies d'une réclusion dont la société s'étonnait, car un jour sur trois on ne la voyait nulle part. Des doigts de coton la mettaient au bain ; on la frictionnait, on la massait, on l'emmaillottait. Des repas, médicalement conçus, lui offraient, sous des volumes réduits par la chimie culinaire, des mets fondants, digestifs, des gélatines et des sucs ; puis c'était chez elle, jusqu'au lendemain matin, une tranquillité de couvent, portes et volets matelassés, une lumière tamisée à la mousseline. Après quoi, doucement reposée, elle se levait ; et les salons la revoyaient apparaître, étincelante sous les bougies... Les hommes palpitaient.

— C'est prodigieux ! La marquise rajeunit. Quel âge lui donnez-vous ?

— Quarante... cinq. Mais vous criez à la fable, je dois me tromper.

— Voulez-vous savoir la date de sa naissance ?

— Oui.

— 1751.

— Étonnant ! Nous sommes en 1818 ; elle aurait donc... soixante-sept ans !

— Vous comptez bien. La marquise est un miracle. Et tenez, si je la croyais femme à écouter — ça de l'ongle... — le moindre bout de cour, eh bien ! moi qui vous parle, j'intriguerais volontiers.

— Comment ! Sans tache ?

— Oh ! parfaite.

— Alors, ces soins, ce rajeunissement, pour qui ? Est-ce pour un homme ? pour une idée ? Je ne comprends pas...

— Moi non plus.

Personne ne savait.

La marquise n'agaçait personne ; elle rêvait, à l'écart, au milieu d'adorateurs un peu vieux, ceux de l'ancien temps, et leurs causeries, comme des ailes, s'évadaient des années, des réalités, erraient de branche en branche vers les boulingrins de Versailles. Parlotte permise, l'unique.

Hors celle des souvenirs, nulle émotion ne touchait son rire qui sonnait comme un grillon gai. Malgré sa jeunesse reconquise, on la voyait fuir les jeunes gens, appeler, réunir autour d'elle de mélancoliques amis, leur causer de l'ancienne cour, du roi, de la mort de M. de Choiseul, avec une grâce passionnée, une fièvre, une chaleur d'accent qui attendrissaient ces vaincus.

— Ah ! lui dit un jour un vieillard, vous n'êtes pas une femme, mais un symbole ; l'âme de notre Monarchie.

— Vous me vieillissez bien, une âme de dix-huit siècles !

— Non, madame, je la prends depuis nos désastres ; elle a donc vingt ans.

Mᵐᵉ de la Suze de la Sudie n'avait pas vingt ans, mais au lieu de s'accumuler, les saisons se détachaient d'elle, chaque soir lui soufflait une ride.

Elle revenait dans sa jeunesse, elle descendait dans le passé, avec les mêmes vêtements, le même visage, un peu plus de douleur. Des fenêtres qu'elle ouvrait sur sa vie ancienne, le même soleil, l'ancien, exhalé des parcs bien-aimés, fondait la neige de son front, teignait d'aurore, un à un, ses cheveux d'exil. Elle avait l'âge de ses toilettes, l'âge des modes de 88.

Telle à trente-sept ans sur ses portraits de Versailles, telle maintenant aussi jolie, avec sa robe en redingote à double collet, sa cravate, le jabot, la montre, le chapeau castor, la canne. On se disputait ses visites ; une foule se pressait, curieuse, dans les salons où elle entrait, le nez levé, hautaine et coquette ; et c'était alors qu'elle méritait, qu'elle portait bien le surnom que ses vieux fidèles lui avaient donné, un nom de demi-deuil : *Le dernier Lys*.

Mais ce n'était point pour fleureter qu'elle luttait ainsi. Aucun désir d'intrigues ; seulement une joie de rajeunissement, l'orgueil de compter les pas en arrière, de revenir sur ce qui était mort. On lui devinait bien un but ; lequel ?

Aucun de ses vieux fidèles n'entrait dans l'appartement de la rue de Lille, où c'étaient sans cesse, tous les trois jours, les mêmes bains et massages, les mêmes raffinements de sollicitude l'enveloppant de leurs flanelles comme un colibri de duvets, mille précautions, mille soins pour lui faire boire un air qui, selon le temps, se faisait chaud, frais ou tiède, exhalé de bouches nombreuses et gradué de ventilateurs au degré dit : vers à soie.

Personne ne connaissait le mot de cette beauté qui narguait le temps jusqu'à lui arracher ce qu'il avait pris. Dès l'aube, avec douceur, de transitives servantes s'empressaient « d'essayer » ses yeux, ses oreilles. Au moyen de cordons, la lumière du ciel entrait dans l'appartement goutte à goutte, l'atmosphère était réglée sur l'air de la rue, et ainsi, peu à peu, les coques de ses oreilles recevaient les bruits sans se blesser à leurs chocs.

Bientôt, le médecin, les infirmières entraient, levaient ce souffle et le nettoyaient, l'ornaient d'une perruque, chef-d'œuvre à dérouter la défiance ; un râtelier pinçait ses gencives dans des gaines d'or, et un demi-corset ferme et câlin donnait à sa taille, d'une raideur anglaise, la distinction des gravures. Tout était revu, corrigé, l'épiderme des mains, des seins. Puis commençait la toilette, merveille de restitution présidée par elle, debout. Cet événement durait trois heures. Les servantes l'emportaient ensuite à sa voiture, l'y posaient comme un Saxe. Les chevaux partaient au petit trot, couraient aux visites. Alors ce n'était pas une femme qui apparaissait, jolie à faire rougir, en veste à la « brigadière » et cheveux « figaro », c'était une fraîcheur à tenter les dents, un rêve, un rire, un parfum.

— Pour nous qui la voyons venir *de loin*, disaient les vieux, c'est superbe !

Une stupéfaction suivait la marquise. A la fin, ce fut de l'enthousiasme. Et les hommes en parlaient comme d'une femme hors de leur temps, lointaine, restée vivante dans le passé.

— Elle est en plein siècle. La voilà descendue... descendue... Qui l'arrêtera ?

...une simple goutte d'eau froide.

L'humidité la saisit un soir sous le vestibule des La Ferronnays.

Sans trop d'émotion, elle comprit, rentra chez elle au galop, enveloppa sa dernière heure d'une dernière toilette, puis se couchant toute habillée, fit appeler ses plus vieux fervents. Il en vint une dizaine, émus, autour de son lit.

Elle portait une robe de satin paille *vive bergère* ornée de *physionomies* comme on en mettait au temps de la Guerre d'Amérique et de la mort de Rousseau. Elle avait, en outre, une palatine de duvet : de bleus *instants*, de mauves *désespoirs*, des *convictions* voletaient en petits rubans autour d'elle, comme des flammes d'eau-de-vie. C'était du chiffonnage poudré, perlé de benjoin, c'était un siècle exposé en parade sur un lit. Ces hommes se souvinrent et pleurèrent.

— Pourquoi vous attendrir ainsi, dit-elle. Ne me plaignez pas, je meurs jeune.

Quelqu'un leva la tête, elle s'en aperçut.

— Voyons, monsieur de Vernhes, approchez. Quel âge me donnez-vous ?

Il ne répondit pas.

— Oui, je sais, nargua la marquise, l'acte de naissance me donne soixante-dix ans. Mais vous, monsieur de Vauguyon, parlez...

— Vous avez trente ans, madame, dit résolument le vieillard.

Personne ne s'étonna ; cependant, jeune fille, elle avait bercé M. de Vauguyon.

La marquise eut l'air de compter.

— Si j'ai trente ans, dit-elle, nous sommes donc aujourd'hui en 1780 et non, comme vous semblez le croire, en 1821. Ce n'est ni une illusion, ni une comédie.

Elle devint blanche.

On l'entoura.

Sa voix montait du fond des années, elle aussi était de 1780.

— Entourez-moi, chers meurtris, c'est pour vous que j'ai tant lutté. Vous étiez tristes, je me suis parée pour vous plaire, j'habillais de jeunesse vos vieux souvenirs.

Son âme lui monta aux lèvres, elle la chuchota :

— ...Plus près. Venez plus près... J'ai trente ans... Sa Majesté, hier, fut à la messe... On fera demain, à midi... les révérences d'usage pour la mort de l'Impératrice, mère de la Reine... Je ne m'y pourrai rendre, mais vous m'excuserez. Plus près... baisez... voici mes mains. Adieu, *rien ne s'est passé*... je meurs dans mon rêve.

Et ainsi se fana le dernier lys.

Ainsi mourut, en ajustements de cour, arrêtée dans le songe qu'elle descendait marche à marche, la jupe à la pincée par crainte des boues, cette femme, vision plutôt, cette marquise de soixante-dix ans qui, par le seul effort de sa volonté gracieuse, s'était refait une jeunesse, avait ressuscité un monde, reculé le temps, changé les dates, réalisé ce prodige d'effacer de sa tête, comme s'ils n'eussent point existé, l'orage révolutionnaire, les guillotinades, le galop de l'Empereur, et de *supprimer*, gentiment têtue, aidée de ses houppes et de son carmin, trente ans de « mauvaise » Histoire.

Les Deux Coffrets

Chambre bleue, des fleurs, un souper desservi ; le marquis et la marquise de Wlitz en tête à tête, les coudes sur une table de bois gris, dans les fumées d'un thé.

— Voyons, quel âge prenez-vous ?

— Je suis, ma foi, de l'époque où Sa Majesté arrêta sa cure de lait d'ânesse, deux ans avant « l'événement ». Comptons... dix-sept cent quatre-vingt-sept... Et vous ?

— Mil huit cent neuf.

— Bien, dit doucement le vieillard, le règne du petit lieutenant d'artillerie. Comptons...

— Point d'affaires, dit la marquise ; allons, je prends quarante-neuf ans.

Elle regarda son mari, et preste :

— J'en donne.

Puis elle lança un coup de pied dans ses jupes, et se renversa dans le canapé.

Qu'elle avait dû être jolie ! Malgré sa presque cinquantaine, l'air d'une grande rose dans son tulle fripé. Elle tenait son menton posé sur un index, un doigt frêle comme une tige ; sous l'envol des cheveux, sa tête riait aux anges.

Et quel visage ! rêve du « un peu de tout », des yeux impudiques, ni trop étroits, ni trop longs, de fins sourcils lancés en ailes, et un petit nez roulé en bille, un insolite nez tout ému, tout menu, tout biscornu dans sa houppée de riz. Les frais quarante-neuf ans !

— Voici que vient le moisi, dit-elle.

Le marquis leva le front, regarda sa femme :

— Vous avez de ces mots...

— Les mots ne signifient rien ; ce sont, dites-vous, paroles en l'air, et l'âge et le temps restent.

A ce moment, trois coups de doigt frappèrent la porte.

Une servante apparut, claire entre les baguettes d'or :

— Si madame la marquise... Madame la marquise a fait refaire la chambre verte... Madame la marquise sait-elle...

— Que veut dire cette parlotte? Allez, qu'y a-t-il?

— C'est un coffret...

— Eh bien, ce coffret?

On a trouvé dans la chambre verte un petit coffret et sa clef ; c'est bien vieux, bien vieux...

— Un coffret ! dit la marquise, apportez-moi ce coffret. Madelon, ma fille, d'où vient cette histoire de fée?

La servante partit dans un glissement. Le feu grelottait ; quelques gouttes de thé fumaient encore dans les chines.

— Ce coffret, pouvez-vous me dire?

Le vieillard haussa l'épaule, tendit

la bouche, l'un de ses doigts en l'air :

— J'ignore, ce sont peut-être vos parures.

— Je ne les sème pas dans mes chambres ; vous ne voyez pas?

— Non.

— Moi non plus.

On n'eût pu dire s'ils étaient sincères.

Tranquilles et accoudés, emportés à la dérive du souvenir, leurs yeux musaient dans l'air de la chambre.

Cette chambre était tendue de gros de Tours bleu à fond blanc. Une bergère pour la rêverie, une commode d'amaranthe à sabots d'or, deux fauteuils, une table à écrire et un paravent de six feuilles. Dans un coin, sous des tentures de soie nuée, s'élevait une chiffonnière aux trophées de pastorales, et dans la cheminée aux accessoires de Vendanges deux bûches blondes claquaient sur quatre barbes de satyres. C'était joli, fin, coquet pour ces deux vieillesses. Mais une même pensée les avait touchées.

Ils rêvaient... et depuis la trouvaille de la boîte, quelque chose de lointain, de jamais dit, l'amertume d'un équivoque effrayait leurs cœurs. Ils rêvaient...

— Voilà, madame, vint dire la servante

Le coffret fameux était de marqueterie, à placage de mosaïque, où s'enlevaient en médaillons la houlette d'Estelle et le chapeau de Némorin. Des chutes de fleurs en bronze doré d'or moulu formaient les quatre petits pieds. Le chapeau levé, que trouverait-on? quelle fortune?

— J'ouvre, dit la marquise.

Elle prit la clef, tourna le doigt, saisit le couvercle. Le coffret était plein de lettres ;

une menue poudre s'en envola, odorante.

— Hein !

Le vieillard eut un frisson.

— Il paraît, murmura la curieuse, que je viens de faire un *chou.*

Le coffret de marqueterie était plein de lettres.

Elle étendit sur la boîte ses deux petites mains complaisantes :

— Marquis, faut-il lire? faut-il pas lire?

Elle était toute grâce. Ses dents luisaient aux bougies.

— Faites, souffla le tremblant bonhomme.

**

La marquise déplia le premier billet.

— Papiers de familles, actes notariés, vous allez dire...

Elle riait.

— ... baux, donations, partages, peut-être...

Le marquis, ses mains l'une sur l'autre, la regardait frémissant. D'une voix posée, la marquise lut au hasard :

« Il ne faut pas vous accoutumer, très cher, à diviniser le goût que vous avez pour moi, et vous verrez à la fin que l'amour...

La marquise s'arrêta. Le vieillard eut un sourire triste :

— Allez.

...et vous verrez à la fin que l'amour, pour nous rendre heureux, loin de devoir être conduit comme une affaire sérieuse, ne demande qu'à être traité légèrement, et surtout avec gaieté. »

— Assez pour celle-ci, dit la marquise. Il paraît donc qu'en fait de galanterie vous pérégriniez dans les étoiles, et qu'on était loin d'aimer cette gymnastique. Voyons la date : *octobre 1821* ; nous nous sommes mariés en 25, c'est peu grave. Passons..! Hé ! hé ! un petit poulet à l'ambre...

Elle lut :

« Enfin, mon cher, après bien des incertitudes, vous êtes donc sûr qu'on vous aime. On a prononcé le mot que vous brûliez si fort d'entendre. On a fait plus : on a laissé échapper mille témoignages involontaires de la...

La marquise plissa son nez.

...de la passion que vous avez inspirée. Le premier sacrifice qu'on a fait à votre amour est de ne plus recevoir le chevalier. Vous êtes maintenant heureux. »

— Le chevalier? fit la marquise. Bon ! Quelque rival ; mais c'est de la romance. La date?

Elle ressaisit la lettre :

« Saint-Cloud, 15 septembre 1824. »

— Oh ! dit-elle, la veille de la mort du roi, quelques mois seulement avant notre union !

Ils gardèrent le silence.

— Oui, dit le vieillard qui avait la tête perdue, je me rappelle même que Monsieur arriva seul dans sa voiture à quatre chevaux anglais montés par deux petits postillons. Mme la duchesse de Berry passait souvent ses matinées à Saint-Cloud, la société lui plaisait.

— Point de ça ! fit la marquise, l'amour près du lit de souffrance de Sa Majesté, est-ce d'un gentilhomme?

— J'étais bien jeune...

— Trente-sept ans ! Voilà qui est naïf ! Et cette lettre encore ! Vous me mettez en goût de lecture.

Elle renifla gentiment :

— Jasmin d'Espagne.

« Bibi...

La marquise rougit un peu.

« Bibi, j'aurais grand plaisir à causer avec vous sur nos nouvelles coiffures, et aussi sur d'autres choses plus importantes qui ne se disent que toutes lumières éteintes... »

— Assez, dit la marquise. Et elle regarda le marquis :

— C'est entendu, n'est-ce pas ? Au delà de 1825 : bagatelles. En deçà : crimes. Ah ! pauvres femmes que nous sommes, si enfermées chez nous, si fidèles ! Celle-ci... voyons voir la date... Décembre.

Elle aspira une grimace, les lèvres pincées, le sourcil haut :

— Dix-huit cent vingt-sept. Monsieur, je vous y prends donc !

Mais son humeur n'y put tenir. Elle

éclata de rire et enfonça ses mains dans le coffret ! Billets roses, billets bleus et gris, billets saumon, billets blancs, papiers aux fines devises, tortils et blasons, tout cela sauta, voltigea, s'éploya sous la colère de la marquise. Un, de 1830, sentait la révolte de Juillet :

« *Je te veux !* »

Un autre, babil de grisette grisée :

« *Méchant ! je vous ai attendu hier, près de mon magasin...* »

Et celui-ci, qui sentait la caque :

« *Mon petit coq, agite-moi des bouques d'oreil.* »

Et d'autres, d'autres toujours, portant la malheureuse date, celle *d'après*, le millésime du crime. Comme le vieillard essayait de retirer la boîte, la marquise lui gifla les doigts d'un chut ! qui voulait dire : Mais, monsieur, votre honte est ma revanche d'honnête femme.

Elle lut jusqu'au dernier billet, et à chaque nouvelle fortune : Charmant ! joli ! Rangez-moi donc cette petite faute de 1829 ; quel homme de moyens ! Et ces trois de 1834 ; comme vous marchiez ! Et aussi ce paquet de 1837 ; quelle population !

Elle se renversa ; une de ses mules dont elle lançait la pointe en l'air ébouriffa son linge fin :

— Votre avis ?

— Mon...

— Oui, votre avis carré ?

Le bonhomme prit la main de sa femme :

— Anéantir... brûler... Ah ! je ne sais quel oubli...

Elle était déjà debout.

D'un unanime geste, ils lancèrent le coffret aux bûches. Trois flambées happèrent les amours du marquis ; la chambre devint rose.

Élégantes aventures, intrigues bour-

geoises, passions des rues, amours à l'iris, à l'ambre, au jasmin d'Espagne, noces de petits soupers, assauts de grand' route, prises de poissonnières, amours d'avant le mariage, amours d'après, tout le passé du marquis dura le temps d'une flamme. La marquise, tout à fait charmée, insinuait sa pincette :

— Maintenant que tout est mort, je ne sais si c'est... trop grande bienveillance pour votre personne, ou pure bonté de cœur, mais...

— Quoi ?

— Mais, ces... comment dirai-je... ces petites... impudicités me reprintanisent.

Le marquis s'inclina, le coude aigu, en garde :

— Vous êtes, vrai, trop charmante.

Il posa le poing sur le bouton d'or de la porte ; elle s'ouvrit, discrète, et en face l'un de l'autre, ils se saluèrent d'un geste joli et long.

— Ah ! chuchota le marquis, je n'y reviendrai plus que pour *une*.

— Vous avez mis un peu d'orage dans mes scrupules, dit-elle, et sans ma religion, j'en voudrais à ma trop constante fidélité.

— Vous êtes une sainte !

— Et vous, quel diable !

Un coup de talon, et rose dans la bouffée de sa courbette :

— Bonne nuit, monsieur mi.

*
* *

La conque de son oreille tendue, la marquise écoute...

Les pas s'éloignent, secs un peu, réguliers. C'est encore un homme.

Mais que fait donc la marquise ?

Elle saisit une clef, ouvre un tiroir, se dépite, mordille, allonge un bras nu, cherche, recherche, et tout à coup, maintenant qu'elle est sûre d'être seule, qui fait donc rire la marquise ? que retire donc la marquise de la commode d'amaranthe ?

Elle tient dans ses doigts fins le jumeau du premier coffret, une boîte quasi même, et une fois près du feu, l'ouvre...

Elle l'ouvre, et par petites nasardes,

fait sauter billets roses, billets bleus et gris, billets verts, papiers aux fines devises, aux frêles blasons, et tout cela s'envole. Dieu... s'il revenait !

S'il pouvait revenir, voici ce qu'il verrait : la marquise prend à poignée ce bavardage écrit, le jette aux bûches, et la chambre, une seconde fois, devient rose. Elégantes aventures, intrigues bourgeoises, amours à l'iris, à l'ambre, au jasmin d'Espagne, noces de petits soupers, amours d'avant le mariage, amours d'après, fadaises d'une heure, tout ce riant passé dure le temps d'une flamme ; et quand la flambée s'éteint, un mot de représailles taquine la bouche de la marquise, ouvre son rire, tombe de ses dents en grains d'anis :

— Quittes !

C'est sa dernière chiquenaude.

Les Deux Carquois.

Chaque jour, au matin frisé, dès que pointait le soleil, ils venaient se promener jusqu'à l'étang des Palombes.

Là, très exacts, ils se saluaient.

Ordinairement, M. d'Urgère tendait sa canne ; à ce signal des oiseaux tombaient des feuilles sur sa pomme d'or ; c'était M. de Montlaurin qui lançait les siennes.

Un jour, en arrivant aux Palombes, M. d'Urgère, stupéfait, s'aperçut qu'il était seul. M. de Montlaurin, depuis le sacre, n'avait remis aucun rendez-vous. L'événement lui parut si grave qu'il posa le pain sur un banc.

C'était, devant ses yeux, un joli retrait de parc, avec des eaux et de longs feuillages. Des ramiers rasaient le bassin, s'y dédoublaient en éclairs. Un *Amour* de marbre, au loin, se tenait dans l'ombre, un doigt sur l'arc, discret...

— Bonjour, baron.

Ils s'assirent.

— Qu'avez-vous? Pourquoi ce retard?

Le comte leva ses élégantes mains.

— Une affaire du diable ! Mme Flipot, vous savez... de la rue Pierre-au-Lard.

— Friande personne.

— Il ne s'agit point... Qui aurait cru que cette mince bourgeoise... Je trompais ma femme, entendu ; hé ! j'avoue mes torts. Qui n'en a? Vous vous rappelez cette coquine ; elle me suivit un soir, ici même...

— Bibi de bibi, si je m'en souviens ! Ah ! le joli lardon ! Des yeux! Des dents! Une femme soutirée au caramel !

Cet éloge plut à M. de Montlaurin ; malgré sa douleur un petit feu lui alluma le nez. Il dit :

— C'était, je l'avoue, une maîtresse présentable, quoiqu'elle eût, comme les boutiquières, les mains rouges et les pieds de sa maman. La perverse !

— Calmez-vous. L'acrimonie des humeurs ulcère le conduit des urines. A soixante ans, adieu bon temps. Que vous a-t-elle fait? Je n'ai jamais eu de maîtresse, moi, qui valût la vôtre. Quelle femme, cette Flipot ! Une pincée de linge blanc.

— La traîtresse !

— Un bouton de sein au jus.

— Vous me tuez !

— Une pimprenelle confite. Et fraîche... l'amour ! Une petite bergère à la vache !

— Allez-vous finir ! cria M. de Montlaurin. Vous soutenez ce chiffon. Savez-vous ce qu'elle est en train de faire, cette prétentaille?

— Non.

— Un beau procès.

— A qui?

— A moi.

— Bigre. A cause?

— De mes enfants.

— Tu... Tu as des enfants? fit M. d'Urgère étonné. J'ignorais que la comtesse...

— La comtesse est encornaillée, il ne s'agit point de ma femme.

— Alors?

— De ma maîtresse, des enfants de ma maîtresse.

M. d'Urgère et M. de Montlaurin à l'étang des Palombes.

— Des vôtres aussi, je présume... Mes compliments.

M. de Montlaurin rougit. L'orgueil resta le maître un instant. Il dit, gaillard :

— Des miens, puisque vous le voulez.

— Et que demande ce bichon au pied fondant ?

— L'affreuse Flipot veut que je les reconnaisse.

— Vos deux enfants ?

— Non, mes trois.

Ébloui, le vieux baron fit un tour, et, droit sur ses mollets maigres, esquissa un salut d'été :

— Trois enfants ! Admirable ! Pas seulement un, ni deux, — trois. Trois enfants ! Ce procès, mon cher, vous fera honneur.

Furieux de l'ironie, M. de Montlaurin lui tourna le dos, et le baron lui emboîta le pas, tricotant.

Tout était clair, gai, en vie.

Émoustillés à leur tour, les oiseaux tournaient, cassaient des branchettes. Deux ramiers, sur un pin, câlinaient leurs plumes,

...et l'impudique *Amour* dont les joues de marbre étaient roses avait ce matin-là son carquois bondé de flèchettes, comme s'il partait en campagne !

**

Lorsque la comtesse apprit le scandale, on la vit furieuse. Comment oser croire à des concessions mutuelles chez des époux assortis par des mamans et qui, depuis l'arrestation du défunt roi, ne s'étaient point fait de politesses ? On sait la valeur qu'acquiert « le fait » aux yeux des femmes que leurs maris ne paient qu'en phrases. Du jour où elle apprit les « cochonnailles » du comte qui la trompait pour une bourgeoise en jupe de calemande, Mme de Montlaurin prit le parti de se venger, mais comme se vengeaient les dames d'alors, en rangeant de son côté, d'un signe du doigt, tous les rieurs de cette galerie mondaine, si méchamment et gracieusement attentive, qui compte au plus, dans toute la France, vingt bergères de vieilles femmes et douze fauteuils d'oisifs.

La comtesse n'était pas jolie ; elle avait les cheveux raides comme un pré en friche, et son nez rose, un peu camard, faisait mine de rebrousser chemin comme pour éviter ce que les gens qui se lèvent tôt surnomment « une mauvaise bouche ». Elle s'enferma une semaine, n'ouvrit la porte qu'à son confesseur, et, à table, se mit à perler de petits rires *romancés*, lorsque le cher comte, attristé par les méchancetés de Flipot, se découvrait sans joie et sans appétit : « Allez, monsieur, lui dit-elle un jour, je n'ignore pas ce qu'une maison comme la nôtre a de peu récréatif pour un homme dégradé par les plaisirs de l'émigration et qui accroche ses cravates à mes crucifix ».

M. de Montlaurin haussa les épaules, et prit sa canne.

*
* *

L'absence des deux bonshommes avait fait le jardin triste. Les fleurs, depuis un mois, se retournaient vers le clair sentier. Il y avait des roses qui murmuraient : « Voilà ! c'est bien la peine de se faire jolies, nos fanfreluches sont perdues. » Un jasmin de Virginie, grimpé sur un frêne, disait : « J'ai beau regarder, nos amoureux ne viennent pas. » Et tout au loin, le pied levé, arc et sourires tendus, aux écoutes, le petit *Amour*, du fond des feuillages, visait un invisible cœur...

Enfin, ils parurent. On eût dit, à les voir, tant sautillaient leurs cannes et grondaient leurs voix, que la même dispute les affligeait.

— Comment, se dirent les fleurs scandalisées, c'est encore une femme qui les occupe !

— Breekke-kec c'est grave, fit une grenouille hors du bassin.

— Quelle mine ! Vous me faites peine, dit Urgère.

Le jardin avait raison : une femme les occupait. Mais ce n'était plus la « pincée de linge blanc », c'était la dévote comtesse, et Montlaurin, furieux comme un mari, bâtonnait les arbres de coups de canne.

— Ma femme. La diablesse ! Qui m'aurait dit...

— Quoi ?

— Une fille qui passa du couvent chez moi, sans que sa vertu...

— Est-ce possible ?

— Mais z'oui, petit bon, rien, pas ça... ou que des simagrées.

— Ainsi, votre musique de chambre...

— J'installais mon orchestre, mais allez donc jouer du profane à ces dévotes. Elle prenait le bâton...

— Ah !

— Et ne me permettait que l'ouverture.

— Oh ! oh ! Donc, jamais...

— Jamais je n'attaquai le grand air.

— Et que demande-t-elle maintenant ?

— L'hypocrite ! Un procès.

— Un procès ?

Les deux bonshommes se regardèrent, l'un penaud, l'autre un peu moqueur. Un silence vint du jardin où s'apitoyaient les oiseaux. Une rose dit : « Pauvre ami, deux affaires dans le mois. » — « La maîtresse d'abord, la femme ensuite, crièrent deux moineaux ivres, hé ! tu vas bien ! » Mais ne badinant plus, inquiet, l'*Amour*, sans rien dire, baissa son arc...

— Un procès, dit Urgère, mais vous n'en sortez plus ! Hier, c'était M'ame Flipot, pour lui avoir fait trois enfants. Aujourd'hui...

— Aujourd'hui, devinez quel procès me fait la prude comtesse, à moi libertin comme dit le lardon.

— Je...

— A moi homme du bel air, petit-maître, et, suivant Flipot, si voluptueux, si insatiable et si ardent que je ne regarde point sur qui je me jette, et que je me jette sans me donner le temps d'éteindre les bougies. A moi père de trois enfants... Devinez !

— Je rends la main.

— Eh ! dit le comte en saisissant son camarade aux boutons, la comtesse m'intente un procès pour...

— Pour?

— Pour *impuissance* maritale !

A ces mots, le jardin se mit à rire.

C'était si étonnant, si drôle.

Mais, à la réflexion, tout se calma. Les fleurs se reployèrent indignées : « Ah ! le méchant mari, dit une, si c'était à moi... » Les oiseaux s'enfuirent de l'allée où, curieux, perchés en rond, ils écoutaient les bonshommes ; même un loriot les égratigna de son bec, — et au loin, les ailes pendantes, l'*Amour* de M. de Montlaurin considéra tristement son carquois « vide ».

Silvaine.

Cette Demoiselle avait un ami, le chevalier de Valenceilles.

On le nommait aussi M. le Regret, parce qu'il avait coutume de s'attendrir en parlant du roi, non de l'auguste Ventre, mais du Seizième.

Cette fleur du bel air tenait droit sa tête. Il avait fait son académie, portait en ville le chapeau à l'écuyère et les bottes molles ; sa grâce était de susurrer des « mots », les après-soupers, dans l'hôtel de la rue Longepierre.

Il était charmant. Lorsqu'il entrait, vêtu pour le jeu, en manchettes claires, on apercevait des bijoux à ses doigts, aux chaînes de sa montre, dans les plis frais de son amoureuse cravate. Il était la gloire de la ville.

Il était aussi la jubilation de Dame Silvaine qui, quoique malade, le complimentait entre chaque pilule ; tandis qu'on jouait quelques menus sous, elle aimait à se faire dire les événements, conter elle-même ceux du passé.

— Je me fais vieux, chère amie.

Dame Silvaine.

— Et moi donc...

Il se tenait incliné, perché sur un pied, comme un pélican.

— Comptons, dit Dame Silvaine. Je prends date en 1754.

— C'est loin... Ainsi, vous avez...

— Soixante-deux, monsieur le Regret !

soixante-deux ans ! Hou ! Quel vieux rhinocéros de rhume !

Le mot rhinocéros était de ses favoris. Elle disait : « Il fait un temps de rhinocéros » ou bien : « J'ai une mine de rhinocéros ». Et ce gros mot chantait dans sa voix fluette.

— Bah ! ce n'est qu'un rhume.

— C'est l'agonie ! cria Dame Silvaine, mais *p/t* ! Asseyez-vous là... Jean, une table !

On apporta une table de jeu, et une fois installés :

— Belle Dame, vous n'êtes pas sincère avec votre ami.

— Je le suis comme un soufflet, mais j'ai tort de vous conter mes petites tousseries.

— Oh !

— Oui. Dieu ! que de purgations !

Puis, câline :

— Mon ami, je n'ai plus de *quatre* ; laissez-moi aller à la pêche.

— *Cinq trois,* dit M. Le Regret. Ma Dame, j'ai une idée.

— Elle vous réussira ! Vous n'êtes pas né en 1754 ; vous ne connaissez pas ces démons de rhumes ; vous ne vivez pas dans une pharmacie, vous !

— C'est justement... parce que vous êtes un peu malade, que j'ai un projet. Filez, mon beau *six* !

Dame Silvaine leva les yeux ; les dominos firent silence, elle s'accouda.

— Expliquez-vous.

— Sincère ?

— Oui.

— Combien de revenu ?

— Mais tout le monde sait cela, mon cher, et je m'étonne... J'ai trois mille huit cents livres, débris d'une excessive opulence, plus mille que m'octroya Clavigny, le restaurateur des maîtrises, et enfin une bicoque, aux alentours de Chinon, qui termine les cinq mille livres dont, à l'heure actuelle, je jouis... en souffrant beaucoup, je vous assure.

— Oui, votre toux... fit le chevalier attentif. Eh bien ! je vous sers quinze mille livres de rente, voulez-vous ?

Dame Silvaine ne bougea pas.

— Si je vous donne mon capital en viager, hein ?

— Oh ! dit-il, vous vivrez éternellement. C'est une marque d'affection. Vous savez que je suis riche.

Elle se leva en toussant, un doigt sur le chevalier Regret. C'était une ruine, une croquignole de chair, un rien de rien.

— Je demande à réfléchir, balbutia-t-elle.

Et il la laissa.

Huit jours après, les arrangements étaient terminés. Dame Silvaine n'avait plus de capital, mais quinze mille livres de revenu entraient chez elle, pour n'en sortir qu'à sa mort.

— Nous voilà tous riches, dit le chevalier, la plume en l'air.

— Ce « nous » vous portera bonheur, interrompit la Demoiselle. Hélas ! achèverai-je l'année...

Les parties continuèrent, au feu doux des lampes. Le salon de Dame Silvaine, transformé en magnifique salle de jeu, accueillait maintenant toute la noblesse de Bourgogne. Malgré que l'acte fût connu, on erra dans les embrasures pour féliciter M. Le Regret. On voyait dans sa conduite beaucoup d'amitié.

— Exquis ! disaient les dames, la Demoiselle a bon pied, M. de Valenceilles le sait bien. On n'est pas plus généreux.

— Si la Demoiselle meurt dans deux ans, comme il faut le prévoir, interrompit un magistrat, M. Le Regret fait un gain de soixante-dix mille livres.

Mais Dame Silvaine ne mourut pas, quoique, de jour en jour, elle fut à l'extrémité. Les deux ans s'écoulèrent. Même, en 1818, elle se divertit agréablement des nouvelles tendances « libérales », et cria comme le roi aux conférences d'Aix-le-Chapelle : Pas d'étrangers !

— La Demoiselle ? demandaient les gens.

M. Le Regret, impénétrable, se frottait les mains :

— Mieux. Beaucoup mieux !

Et les malveillants s'étonnaient.

Cette existence, nouée à un fil si fin que le moindre vent coulis pouvait le casser, vacilla et frissonna jusqu'en 1823. Cela faisait sept années. A raison de quinze mille livres par an, les cent mille de Dame Silvaine étaient parties en sachets de poudres, en fioles, en paquets de pilules et en boîtes de bonbons, mais la rente continuait à être servie. M. Le Regret, impassible, félicita les soixante-neuf ans de la vieille dame. En sourdine, il avait consulté les médecins.

— Ma santé fait toutes ses excuses à votre fortune, chuchota Dame Silvaine.

Et, prise d'une quinte de toux :

— Je vais plus mal... Je... Je vais mourir. Je sens que je m'éteins... Vous serez *seul* bientôt.

Évidemment, ce n'était pas la volonté de Dieu. De parties de piquets en parties de try, et de try en dominos, Dame Silvaine toucha 1835 et applaudit aux lois de M. Thiers :

— Où allons-nous ! Quel est ce temps ! J'espère bien qu'on coupera le cou à ce Fieschi !

M. Le Regret était devenu vieux ; les douleurs du grand âge l'assaillaient chaque matin. Aujourd'hui, c'était pour le vieillard que Dame Silvaine, défaillante, collectionnait ses fiolettes.

— Allons, Demoiselle, c'est à moi de souffrir un peu, à mon tour.

Cahin-caha, rente servie, rente empochée, puis dépensée, les deux fidèles marchèrent jusqu'au mariage du Bourbon d'Assise, 1840. Dame Silvaine agonisait toujours, enfoncée dans ses capelines, douillette, au milieu d'une fumée de médicaments si intense qu'elle eût renversé le plus farouche « rhinocéros ». Quant au chevalier, il râlait, accablé par cette fuite d'argent que la fatalité charriait de son portefeuille entre les mains sèches de la Demoiselle. Dijon riait, Dijon s'amusait depuis vingt ans.

— Combien prenez-vous, chère? insinua un jour le bonhomme.

C'était en 49. On pacifiait à coups de feu la Kabylie.

— Hélas ! quelle honte ! Dans cinq ans...

Ils pouvaient à peine gémir. Raides dans leurs fauteuils, comme des fantômes de parchemin, ils se penchaient un peu, pour s'entendre.

— Cinq ans... Que voulez-vous dire?

— Eh ! oui, cinq ans pour atteindre le centenaire.

Cette révélation terrassa le vieillard. Depuis 1816, il servait la rente sans un froncement de sourcil.

— Ah! c'est moi... c'est moi qui m'en vais, chuchota son souffle.

Rentré dans sa maison, M. Le Regret ne bougea plus de son lit.

Alors commença l'adorable jeu, que chacun put voir, au plein jour : Dame Silvaine, installée dans l'ancien carrosse de Monseigneur de Senlis, trottant porter ses consolations à son ami Le Regret.

— Qu'y a-t-il? Qu'avez-vous, mon enfant?

— Je vais mourir, dit assez héroïquement le vieillard.

Dame Silvaine expulsa un *pft* qui disait beaucoup.

— Voyez mon âge, dit-elle.

— Je le connais trop ! Vous êtes possédée !

— Pas de sacrilèges, toussa la bonne Dame, il faut que je vous soigne. Corniflupète ! Vous, partir ainsi ! Un beau seigneur dont le poignet compte vingt duels !... plaisantez, mimi !

Elle s'établit commodément, et transporta chez M. Le Regret son ballot de drogues. Avec douceur, elle s'institua lectrice et garde-malade. Elle vivait là, exilée de ses salons, tisonnant, marmonnant contes et commérages, l'*Adolphe* de Benjamin sur un genou. Mais cet amical face à face remit simplement à une semaine l'agonie du chevalier.

— Adieu... Adieu, ma belle, chuchotait-il dans le délire.

***

Ce délire ne lui fit rien avouer qui ne fut conforme à la noblesse. Aucun regret vénal ne tenta son âme. Il fit un effort, et retourna vers son idée fixe :

— Votre âge... Quel âge donc avez-vous?

Dame Silvaine s'accouda :

— Mais ignorez-vous que je naquis très loin de l'autre côté du siècle, en 1754? Comme l'on vieillit, mon cher, sans le vouloir...

Elle eut un petit saut d'orgueil, et sa langue oublia de faire les sept tours.

— Or donc, chantonna-t-elle, revenant à cette histoire si contée, récapitulons ce que j'ai pu voir, malheureux ami, et dites un peu par quel prodige me voici debout...

Elle énuméra, comptant ses phalanges :

— J'ai dansé avec Louis XV... un ! pleuré Louis XVI... deux ! fui à la République...trois! blâmé le Directoire... quatre! applaudi au Consulat... cinq ! tourné des papillotes pour le couronnement de Napoléon... Et cætera... je ne compte plus mes ans !

Elle se mit à parler très vite :

— Embrassé Louis XVIII... maudit les Cent jours... assisté au sacre de Reims...

Le bonhomme râlait.

— J'ai vu aussi, n'oublions rien, Sa Galante Majesté Charles... les barricades de 1830, le grand Philippe et son petit Thiers.. Encore les pavés, 48 ! le Président Louis...

— Assez, murmura le vieillard.

— ... et finalement le coup d'État, l'année dernière, au profit de qui? le saurai-je? Ce siècle est un requin qui se termine en queue d'ablette, il est mort, il fonce... Comptez. Cela fait bien, si ma tête ne s'égare, quinze gouvernements à peu près. C'est beau pour une femme toujours malade, et je vous souhaite... Ça! qu'avez-vous m'n'ami?...

Elle le souleva.

Le cher ami ne bougeait plus.

Dernier du nom, le chevalier de Gaudry de Valenceilles était mort tout à fait ruiné, ayant payé *cinq cent quarante mille francs* un petit revenu de cinq mille livres.

*
* *

On le remit aux mains du Seigneur, par un joli dimanche de Côte d'Or ; les pigeons dansaient sur la ville au son des cloches. Ce furent, non les adieux d'un homme, mais les funérailles d'une plaisanterie.

Au retour, comme on s'empressait vers Dame Silvaine, elle congédia les voitures et dit aimablement qu'elle se portait « comme un charme ». « Ce pauvre chevalier, soupirait-elle, à force de chausser les souliers d'un mort, il s'en est allé tout pieds nus ! » La moindre pichenette pouvant casser son âme, on la soigna. Ainsi, longtemps encore, elle vécut, pour l'orgueil de la Bourgogne, immobile comme une momie sous ses bandelettes, plus sèche qu'un biscuit de mer, dans son cabinet Louis XVI, au milieu de ses potions, ébranlée toujours par son rhume, et mourut un soir de fête, en plein second Empire, à l'âge de cent neuf ans, sans que personne eût pu deviner, lorsqu'on lui parlait du défunt, ce qui était en elle le plus sincère, ou ses brins de rire, ou ses pleurs légers.

La Lettre Inédite.

M. le comte Germain d'Améaume de Fayolles était amoureux.

Il l'était d'une morte, comme c'est l'habitude, à soixante ans, pour les esprits fins et profonds, d'une femme qu'il n'avait jamais vue, ni connue : de l'égoïste et légère dame de Rabutin-Chantal, *marquise de Sévigné*.

Il savait ses lettres par cœur ; il eût pu redire, sans omettre un mot, cet adorable chuchotement dont un siècle fit une voix écoutée, le modèle d'un genre, un art.

Depuis son retour de l'émigration, rien n'existait plus pour le comte que ce doux visage hurlupé, aux yeux malins, dont chaque dent semblait une fleur d'esprit.

Il avait des amies fidèles qu'il allait visiter le soir, étroitement chaussé, coquet, en linge poudré d'ambre ; une surtout, la marquise d'Ode au long nez, fraîche vieille qui n'avait plus d'amants, plus d'enfants, et dont le mari était mort à l'armée royale.

Ce n'était presque plus une femme, c'était une souvenance en bandeaux, fidèle au carmin, aux petits sachets, aux mouches, qui n'avait rouvert ses fenêtres qu'à la chute de Bonaparte, essayait enfin de respirer, se risquait en ville, un peu, aux fêtes, en secouant, telles des crottes, ses terreurs anciennes.

Ces dames étaient touchées par le *mal* du comte. Elles l'aimaient comme le représentant soigneux d'un sexe aimé, flatté, dont toutes avaient le culte. Mais un vice absorbait le vieillard, la manie collectionneuse de tout ce qui lui rappelait Mme de Sévigné.

Il avait d'elle un bijou de marqueterie, une table à écrire, cadeau de Mme d'Ode. En 1820, le lendemain de l'assassinat de Monsieur le duc de Berry, la vicomtesse de Béhaing lui avait offert l'encrier de vieil argent, le « nid d'idées ». Quant à la plume de l'épistolière, il la tenait du petit Richelieu qui refaisait le ministère ; mais, depuis, la collection semblait close, il n'avait plus trouvé rien ; et c'est ce qui désolait le comte, ce qui lui donnait ces vapeurs subites, et cet air, enfin, d'être à la Guadeloupe quand on lui présentait le drageoir...

— A quoi pensez-vous ?

— Je pense, mesdames, soupirait le comte, que si, par hasard... on retrouvait cette lettre... eh bien ! je l'achèterais, je l'achèterais de ma vie, pour en jouir une heure !

Avec de petits gestes fous :

— Je la poserais sur la table de marqueterie, là... en marge de la plume, là...

et à gauche de l'encrier, ici... Tout y serait ! Je la verrais alors, cette chère Marie, le coude un peu avancé, assise...

On l'interrompait. Le laisser s'emporter semblait dangereux.

— C'est insensé ! Quelle étrange manie ! Adorer l'humanité ! Car c'est de l'adoration...

Une dame disait :

— Qu'a-t-elle de si extravagant, cette Sévigné, pour que vous l'aimiez ainsi ?

Le comte ne répliquait rien. Ses yeux se fermaient un peu, et il semblait, dans son rêve, comme dans les bras d'une femme.

— Enfin, disait plus sérieusement la marquise d'Ode, avez-vous des nouvelles de cette lettre ?

— Non, disait le comte. Je sais seulement que Mme de Sévigné se plaint quelquefois de la poste, qui égare ses *paquets*. Tout fait présumer qu'un d'entre eux a été perdu. Il est donc manuscrit, il existe donc ! Eh bien, c'est celui-là que je voudrais. Ah ! si je l'avais ! si je l'avais !

On ne sortait pas de là. Les bonbons et les rires s'empressaient vainement...

La soirée était perdue.

Cette mélancolie du cher comte durait depuis trois ans, et à le voir malheureux, une douleur avait pris les vieilles, Mme d'Ode surtout. Cela se voyait à leurs saluts moins bavards, aussi à leurs oublis, et à leurs bons yeux, rouges parfois, qu'elles essuyaient de dentelles.

— Comment va notre malade ?

— Pas mieux : toujours cette maudite lettre !

D'autres fois, elles s'abordaient, empressées :

— Avez-vous vu... hier soir... il était presque heureux. Il a ri.

Mais le plus souvent, les vieilles se regardaient. Une disait :

— Comme il a vieilli...

Les autres baissaient la tête. Elles se quittaient sans plus rien dire ; le soir, à la table de brelan, par signes confus, elles avouaient avoir pleuré.

— Il n'y a donc rien à faire?

— Quoi, soupirait la douce Béhaing, voulez-vous ressusciter une morte?

— Mais la lettre...

— Remuer l'Europe? Et puis, elle est sans doute bien déchirée aujourd'hui.

Mme d'Ode songeait. C'était un soir d'Assomption, il y avait des fleurs dans les chambres. Le plaisir donne des idées :

— Je crois tenir un moyen !

Toutes la regardèrent. Elle rougit et s'enthousiasma :

— Je guérirai le malade ! Nous retrouverons le cher comte, mes belles ! Laissez-moi seulement huit jours !

On les lui laissa, dans un grand silence. Mais au bout de la semaine, un mot pria les trois dames. Ce furent alors des conciliabules, des voix étouffées, des : « oh ! ah ! quel prodige ! » et lorsque le vieillard apparut, toujours soucieux, quatre visages frais lui sourirent.

— Victoire ! dit Mme d'Ode, nous avons trouvé votre remède !

— Quoi? demanda le comte.

— Asseyez-vous d'abord. Bien. Et dites que nous ne sommes pas charmantes pour vous, et peu jalouses...

Elle alla prendre un papier jauni, et le tendit au comte :

— La fameuse lettre. Celle que vous cherchiez, *celle de Mme de Sévigné !*

Le vieillard devint blanc.

Ses mains tremblèrent, il voulut prendre le papier, mais ne put. Alors il sortit son mouchoir et se mit à regarder les quatre vieilles, lentement, avec des larmes.

— Lisez, dit-il, je ne saurais...

— Il faut d'abord que je vous explique. D'Agen, on m'a écrit que M. de Coulanges, oncle de Mme de Sévigné, fit un voyage en Provence pour le procès d'un ami. C'est lui qui détourna cette lettre et l'offrit à sa femme. En 1812, on la retrouve au château d'Agre, en Tarn-et-Garonne, et c'est de là que j'ai pu la suivre, pour la piper chez un syndic, enfouie sous des papiers d'affaires. On y parle de Molière, elle est donc unique. Écoutez.

Les vieilles, d'un saut doux, se renversèrent dans le duvet des fauteuils, et d'une voix lente et tintante, qui faisait pétiller chaque mot, la marquise d'Ode lut ce commérage :

*** *

« Ma chère fille, me voici penaude et je demeure court. J'avais mille sujets à vous mander qui présentement font du chaos en ma pauvre tête, mais je ne puis en être longtemps incommodée: s'il fallait que je perdisse la tramontane, ce ne serait pas avec vous. Voilà bien un besoin de bavardage, il en faut passer par là.

Je commence donc par vous presser d'envoyer ici de vos nouvelles de Provence, elles nous rendront gaillards. Nous avons un affreux temps, de la pluie et du soleil, du grêlon et de la bourrasque ; le cœur en est retourné ! On me dit force compliments sur votre beauté arrivée aujourd'hui à son point, sur les grâces de votre personne et les agréments de votre esprit ; je pétille sur le feu de ma vanité, car dire le bien sur vous, c'est m'accabler de louanges. Il est question de donner une charge en Poitou ; je dresse l'oreille en faveur de votre ami. Ce serait une chose plaisante que je ne susse deviner quelle tête on coiffera de ce bonnet ; c'est une charge qui ne se donne qu'aux plus vaillants, et il en est. Votre mari vous laisse-t-il entièrement libre de vos actions ? Si c'est oui, aimez-le solidement, car le bon Dieu n'a permis la faiblesse des femmes que pour qu'elle leur soit une arme auprès des hommes ; je vous dis droitement ce qu'il en est, afin que vous prépariez cet équipage : on apprend à manier une pique, à tuer en duel, à ne point pâmer de douleur quand on vous relève sur le pré ; mais c'est un don du ciel que de savoir s'habiller du bel air et causer honnêtement sur toutes choses.

— Quel laisser-aller !

Le comte n'osait bouger. La marquise reprit :

Notre bon cardinal est au mieux, mais il

a de la brume dans les idées, et dans ces moments tous nos papillons ne parviennent point à le distraire. Molière le vint saluer mardi ; quel personnage, ma fille ! On demeure bée à le regarder venir, se tourner, passer d'une chaise à l'autre, secouer ses manches, dire bonjour et bonsoir, et quand il est parti, on ajuste encore les corneilles, tant l'impression qu'il nous laisse est forte et va au cœur. C'est à quoi l'on reconnaît un grand homme.

— C'est la seule lettre où il soit parlé de M. de Molière, dit la vicomtesse.

Le comte buvait de l'azur.

Faudra-t-il que ce soit votre mère qui s'en aille vous trouver, quand ce devrait être à vous de courir au-devant d'elle ? Vous en aurez l'affront, car je ne sais ce qui me retient de prendre la poste. Représentez-vous mes idées dans l'état de crainte perpétuelle où je les ai mises pour l'amour de vous, le diable en serait attendri. Je suis allée me promener dans le jardin ce soir, de compagnie avec la lune ; il y fait un silence propre à bien y laisser bavarder l'âme, et vous devinez quel commerce entreprennent alors mes songeries. Comme je disperse mes bénédictions et mes plaintes chez vous, croyez que j'ai le cœur plus pauvre que je ne saurais dire : dans ces moments, si Corbinelli vient me distraire, je ris plus fort qu'il ne conviendrait à ma sincérité ; ma bouche reste en Carême quand mes yeux chantent la Pasques et le dessous de mon esprit va bien moins que le dessus : je plaisante et je suis triste. Ma très belle, portez-en la faute sur l'absence de vos petits paquets.

— La divine... chuchota le comte.

Vous savez que je vais trois fois la semaine à la cour ; j'y étais, hier, auprès de Dangeau qui comptait les jetons pendant qu'on nous faisait de la musique. Vous rappelez-vous l'impotence de ce gros tousseur ! mais c'est un habile homme sur le fait de la poule aux cinq cents louis, et quelqu'un a dit : « Vous avez plus de

chance à l'adresse des jeux qu'aux jeux d'adresse. » Ceci m'a égayé. *Les Allemands représentent notre peuple couvert de haillons ; « C'est raccommodable, a dit ce soir-là M. de La Rochefoucauld, avec ce qu'en Alsace nous leur avons donné de fil à retordre. » Voilà bien des mots plaisants*

— Exquis ! firent les dames.

Le comte s'essuya les yeux.

Il y avait prise de voile aujourd'hui à la cour ; le roi s'est purgé : quand le roi se purge, il est d'humeur mauvaise et il faut les grâces de Quanto pour lui faire un visage. Pendant que nous jouons, il va dans une petite pièce lire ses courriers, et les dames avec lesquelles Sa Majesté a coutume de s'entretenir souffrent son indifférence, de sorte que si le roi se purge, c'est nous qui prenons l'émétique. Ah ! que n'êtes-vous ici, ma très aimable !

— Quanto ? demanda la vicomtesse.

— Mme de Maintenon.

Ce paquet n'en finit point, vous y verrez une preuve de ma sincère affection ; pour vous plaire, je me réduis au rôle de simple écho, et ce n'est point une mortification, car d'y penser me voici plus alerte que les brises. Tant de sottes vous assassinent qu'on ne retient ni leurs idées ni leurs paroles qui sont creuses : Que porterez-vous cette saison ? Mettrez-vous des coiffes ? Et ceci, et cela ; les unes parlent perruques, les autres sachets, les unes petits souliers, les autres guimpes : ce sont des questions délicates, et ces messieurs du Parlement y seraient fort embarrassés.

La marquise tourna le dernier feuillet.

— La fin.

Voici une folie. Lavardin a dit au faubourg que Mme de Vaudemont tient de l'esprit à bureau ouvert. « Je l'ignore, répondit Mme de Lafayette, je suis toujours arrivée quand le bureau était fermé. » Cela fut dit ! La joie de Guitaut ne se conte pas.

Et l'on avance que les femmes tiennent leur intelligence des hommes ! Je le veux bien, mais je réponds : avarice et pauvreté. Quand j'assiste à ces grillades, je m'en vais plus fière que l'empereur du Turc.

Je me conjure de fermer cette lettre, et je n'y puis parvenir ; il me faudra donc demeurer jusqu'à vendredi sans nouvelles. Comment vivrai-je d'ici là, c'est un problème de cœur que je vous laisse à résoudre. Loin de Provence et loin de sa fille, on vit au jour la journée, le soir court après le matin, et l'on ne s'aperçoit pas que les heures s'enfuient, comme une troupe de confédérés devant M. de Turenne.

— *Et cætera...* dit la marquise. Voici des recommandations que nous ne comprenons plus, il eût fallu vivre à cette cour.

A propos de ce que vous m'avez mandé, méditez bien sur le « Traité de morale ». J'ai été hier chez Mme de Charost, je me tais du mauvais souper que j'y fis ; les pantouflés y vinrent ; après le flacon d'Espagne, nous avions des mines à réciter les prières de Quarante Heures. Le bien bon vous présente mille amitiés, moi je vous baise. Envoyez les eaux que vous promîtes au Cardinal. Adieu, ma divine.

La marquise se tut.

Un chuchotement voltigea de coiffe en coiffe. Les trois dames dirent de la gorge : « Exquis ! Délicieux ! » Et grave, le bonheur aux joues, Mme d'Ode tendit le papier au comte :

— Je vous l'offre de grand cœur si vous me promettez de revenir à la vie. Nous mourions toutes de vous savoir malheureux.

Elle rougit, et le comte se leva.

Il prit le papier ; il tremblait toujours, et dit des choses folles : « Je pars ! Sur sa table... à côté de sa plume et son encrier... Quel souvenir ! Vous êtes meilleure que la sainte Vierge... Ma vie à vous... » Puis il s'essuya les yeux, lança ses bras et partit.

— Comme nous le pardonnons de ne pas nous accompagner... firent les dames émues.

— C'est un vrai rendez-vous galant, il sera ce soir tout à Sévigné.

Mme d'Ode, un peu effrayée, rêvait sur sa chaise. Les trois dames se levèrent :

— Toutes nos félicitations, chère poule. Grâce à votre talent... voilà le comte guéri.

— Maintenant qu'il a cette lettre, il va nous revenir. Nous en avions dépit, à la fin.

Mais Mme d'Ode, un doigt levé :

— Ch...

Et tandis que les vieilles mettaient leurs capelines, la marquise essuya son index, où luisait encore une minuscule tache d'encre.

Illusions Perdues.

Soudain les deux vieux reconnurent au brimbalement de leurs jambes qu'ils étaient de la « société ». Ils allèrent l'un vers l'autre et s'étant regardé le nez, ils éclatèrent de rire :

— Brelan de bombes ! c'est vous, Orlandes !

— Et vous, Mussy !

Ils s'embrassèrent à la façon d'alors, en se frappant le dos de petites claques. Comme leurs nez étaient bourrés, cette rencontre les vida.

— Cher, toujours droit !

— Plutôt la mort âpre !

Emus, un coquelicot sur chaque joue, ils retirèrent leurs tétes, et dressés comme deux poulets, d'un rond de bras qui donna de l'aile à leurs basques, ils pivotèrent.

— Solide à la contrescarpe ?

— Après comme avant !

Jolie matinée d'automne ; un rais de soleil piquait ce papotage. Ils s'enfoncèrent dans la longue allée des grands

arbres et s'accablèrent de nouvelles :
— Ha ! voici vingt ans...
— Bien vingt, sans plaisanter.
— Deux hommes du mieux ont-ils pu rester ainsi sans se voir ? Que fîtes-vous durant ?

Mussy s'arrêta, il était grave :
— J'avais suivi Saint-Blancard en Hollande et en Angleterre. Là, je me liai avec Salisbury et lady Essex. Par amitié pour lord Clarendon, je devins le conseiller intime de Sa Majesté alors à Venise (*Orlandes salua*). C'est moi qui m'entremis entre Monseigneur le comte d'Artois et l'Angleterre pour tenter une seconde expédition sur les côtes de Bretagne. Je fus un homme en vue, mais ma modestie, que vous connaissez, me fit rentrer dans l'ombre...
Les paupières du vieillard battirent un instant :

— ... *j'aimais*.

A peine le mot dit, Orlandes parut se casser. Il baissa la tête, les yeux ; allongée vers son ami, sa main fit doucement : grâce, grâce...

— Moi, dit-il à son tour, j'étais aux côtés de Choiseul-Stainville qui commandait CHOISEUL ; c'était un beau régiment. Nous embarquâmes sur deux navires anglais et fîmes naufrage, naturellement. Parmi ces malheureux se trouvaient, outre Choiseul, le chevalier Thibaut de Montmorency et Vitrange. On regagna Calais à la nage, et à peine dans le port on nous arrêta comme émigrés. Nous avions nos armes ; toute la bande fut emprisonnée à Calais,

puis transférée à Lille, et de là au fort de Ham, jusqu'en 99. Quatre ans de captivité ! Ensuite, je rejoignis le roi qui me donna un régiment. Sa Majesté me trouvait apte à la guerre, mais je rendis bientôt ma charge, le bruit ne m'allait plus...
Orlandes se pencha vers Mussy :

— *J'ai été un des maris les plus plaisantés.*

— ... *j'étais amoureux*.
Encore une fois, il se soufflèrent un bout de rire, et enlevés sur leurs talons, l'œil dans l'œil, se tinrent tête.
— Un tour, baron ?
— Volontiers.

Brusques, leurs jambes s'ouvrirent. Les bras dans le dos, heureux de se surprendre en mensonge, ils revinrent à leur ancienne manière de phraser :

— Brrrt... krrr... ps... vous souvenez-vous?...

— Joli temps, comte, ft... crr...

Le même élan fit sauter leurs mains et leurs tailles. Qu'on se figure deux bons-hommes s'opposant, se tournant le derrière, s'éloignant de dix pas, voltant d'un même coup, marchant à la rencontre l'un de l'autre, se dépassant de dix pas, pirouettant, se croisant encore, en donnant de la voix, de la prunelle et du geste, l'œil allumé, la canne en l'air.

— Qu'est devenue votre femme, demanda Mussy, pendant ce temps d'usurpation? La cour devait lui manquer?

Orlandes avait fini son tour. Il pivota, on l'entendit répondre, de loin :

— Oh ! ma femme, nous vivions si peu ensemble ! Vous savez qu'elle avait été reléguée dans nos terres par Sa Majesté, pour quelques mots, d'ailleurs fort innocents, sur l'insipide Joseph, cet empereur du Danube dont nous fîmes tant de joie ! Eh bien, elle est restée en Angleterre, à Micklefield, chez Lady Bentinck, où se réunissait la société, qu'elle distrait encore par son esprit.

Le baron eut un demi-sourire, et le fil de ses lèvres se retroussa :

— Je m'en souviens... Cette chère marquise, quelle humeur gaie !

Le pas de d'Orlandes cabriolait un peu ; au mot de Mussy, gêné, il buta :

— Je sais..., j'ai été un des maris les plus plaisantés. Vous rappelez-vous mon duel avec Saint-Martens qui appelait ma femme « le pouf aux Gardes »? Ah ! la gourmande ! et m'en a-t-elle fait crier du Qui vive ! et du Halte-là ! Mais... vous-même, lui fîtes-vous pas la cour, à ma femme?

Il avait le dos tourné. Or, Mussy ne se sentant pas vu, allongea une telle grimace que l'allégorique toupet frémit sur son crâne, on eût dit un satyre en bas de soie :

— Cher bon, c'est pour dire... n'est-ce pas?

— Aucune défense ! ma femme fut si peu ma femme, et vous étiez diseur fin,

gracieux gentilhomme ; je ne vous ai pas de rancune. Ah ! si tous ces bragueteurs avaient eu vos élégances ! Mais allez donc ! mais allez donc ! Le plus roide, c'est qu'elle me *le* fit avec cet abbé de Balivière. Bon sang bleu ! devait-il assez me la salir !

— J'ignorais... dit Mussy.

— Ah ! vous avez cru être seul au gâteau ! N'importe ! elle était charmante, même pour un mari.

Dix pas les séparaient, c'était le moment de tourner :

— ... céleste pour un amant ! cria de Mussy.

Passant l'un près de l'autre :

— Allez... avouez, dit d'Orlandes.

— Véritablement, jamais ça !

Tirant de leur côté, ils firent une pause. Un petit vent, qui sans doute, avait gaminé dans les villas, les fouettait de jacinthe, ils en furent ragaillardis.

— Vous souvenez-vous d'elle, dit Orlandes, le soir du grand bal de Trianon? Un costume signé machin... Boquet, dessinateur des Menus. Panier fond rose, tamponné de gaze d'Italie, trois plumes de paon dans les cheveux...

— Oui, dit Mussy, quel doux visage ! Et ce bal intime où je dansai en *Sagesse antique*, avec du laurier sur la tête, et une barbe. Votre femme était une naïade, en chemise fine, avec des bouquets de perles et de franges d'eau sur les seins, un amour !

Tous les deux tremblèrent dans leurs culottes. Se détachant du passé, pleine de tendresse, ils venaient de revoir la naïade...

— Était-elle faite au baiser, hein?

— Ne m'en parlez pas, un flambeau !

— Une corne d'abondance !

— Fanfiole !

Ils marchaient toujours et se croisaient sans se voir.

— La belle! des yeux de commissaire-priseur, toujours fixés au bon coin...

— Et l'oreille ! une coque de pétale !

— ... si fine, qu'elle eût entendu, ma foi, une puce faire ses petits besoins.

— Et une bouche ! du fruit, on eût cru sucer une guigne au sucre. A chaque embrassade, il vous en tombait des gouttes sur le cœur.

— Et ce n'est pas tout, cria Orlandes dont la canne tournait. Revoyez-vous son col?

— Une crème !

— Et son linge?

— Une nue... un frisson blanc, quelque chose d'idéal à humilier les anges. Et quel fouillis ! quel éclat sous le coup de talon ! Ces dessous magiques, la chère les appelait-elle pas *Soupirs étouffés ?*

— Vous y êtes ! Et sa distinction?

— N'achevez pas ! oui, quelle distinction dans les moindres gestes ! Sa garde-robe, un bijou bleu ! Sa toilette, un ménage de fée. Là, dans ce réduit, toutes nos hontes lui étaient charmes, elle se fût torchée avec des roses !

A ce moment, une même extase les arrêta :

— Quelle femme !

— Ah ! la divine !

Un bouquet de doigts sur la bouche, les yeux ronds, ils soufflèrent, détendirent l'index.

— Pour la marquise ! firent-ils.

Les deux baisers s'envolèrent.

On eût ri.

L'heure était passée, le soleil tout à fait venu. Cuits, les deux bonshommes s'épongèrent.

— Mais, dit le marquis d'Orlandes, nous avons assez parlé de ma femme. La coquine ! la coq...

Il toussa, comme une poule caquette, la gorge en l'air, les mains raides, quasi étranglé, mais une tape dans le dos lui rendit le sentiment.

— Votre tour ! Contez-moi donc ce qu'est devenue votre femme.

— Ma...

— Oui, cette chère baronne.

Il y eut un silence. Emotionné, le baron blutait sa salive :

— Mais... vous savez, comme tout le monde... qu'après les « événements », ma femme n'a pas voulu me suivre. Elle est allée en Rouergue, dans le château de Mmes de Saint-Hirin, ses grand'tantes. C'est une sainte, toute à la religion... son passage à la cour a été fort peu remarqué ; elle y était venue, d'ailleurs, sous de mauvais auspices, en pleines prières de Quarante heures. Le Roi se mourait...

— Ma femme et la vôtre s'entendaient ensemble.

— Vous dites?

— Je dis que notre amitié se mirait dans la leur, elles étaient nos reflets.

— Peu. Ma femme était irréprochable, et depuis, même, sa religion s'est accrue. Appréciez, je vous prie, ce qu'elle a fait pendant notre exil.

— Ce doit être agréable.

— Elle a tellement boursillé pour les pauvres que les débris de notre fortune, 60 000 livres de revenus, ont été réduits à quelques miettes. Voilà comme se dévident les chapelets !

Le marquis leva les prunelles, fusa un pfft énergique, et tutoya :

— Prends cette prise. Alors, ta femme?

— Une gravure pieuse.

— Ton chauffe-pieds dans le ciel, hein?

— Mon billet de porte. Ah ! marquis, ce tabac... Donne, donne un peu... quelle odeur !

Comme il étalait la pincée, le baron cria :

— Le portrait de ma femme ! Ma femme !

— Justement, ta gravure pieuse.

Dans la main du marquis, la tabatière bâillait, dentée d'émeraudes, et sur l'envers du couvercle une miniature se moquait. C'était la baronne.

— Monsieur... monsieur le marquis... Comment? Expliquez... J'aurai l'honneur... Qui vous a donné cette tabatière?

— Votre chère femme, entêté ! Elle était, ma foi, d'excellent conseil, et je lui contais mes petits malheurs.

Il était midi.

Dans l'air de l'avenue, à coups de cloches, tintaient les clairs déjeuners. Ils se mirent à rire, tout doux :

****

— Votre adresse?
— 2, rue de l'Arroserie.
— La vôtre?
— 28, avenue du Parc.

Légers, sur une poignée de main, ils partirent. Ouvrant en hâte leurs jambes de coq, ils vacillaient en marchant et ne faisaient plus sauter leurs cannes. Vanité, ce qu'ils avaient dit n'était que pose, et tous deux souffraient. Ainsi, comme deux fantômes, ils disparurent dans le vague du bois, et l'éloignement, peu à peu, les habillait de ces étoffes anciennes, fanées, mortes, qu'on appelait naguère...

Comment donc?... qu'on appelait, je crois, *illusions perdues.*

Coup de Tête.

La vieille marquise des Michelles, dite *la Fièvre au cas, Va-t'en regrets, Babille-balon, Moustique, Hors de souci* habitait seule, au fond d'une rue herbeuse de Vitry, l'ancien hôtel du duc de Vatismène. C'était vers 1825, à l'époque du rétablissement des congrégations religieuses.

Il y venait, le soir du lundi, quelques hauts bonshommes, émigrés boudeurs que replâtrait laborieusement Villèle. On y parlait de la cour, de M. Buonaparte enfin mort ; toutes les femmes étaient « arrangées ». Avec cela, des pudeurs, des décontenances naïves. La vie s'y écoulait sans événements : petits chagrins, petites joies, comme des ronds dans l'eau. Rien n'y semblait composé ; aucun sujet. Tout était peu, plat, gris et doux. C'était un conte ancien, des claques de cartes, un jeton qui tombait, la traînée d'une robe, le grillon de la pendule, un éternuement, de légers mots étouffés quand passait l'image du roi ; sous les quatre bougies du whist, pour se débarbouiller la langue, on se tendait obligeamment

le drageoir, on s'offrait des pastilles qui mettaient trois quarts d'heure à fondre.

Cette société avait le goût de la marquise des Michelles, et cependant la vieille dame, avec son nez à surprises, ses yeux de joli temps et son esprit de Trianette, du plus mignon, avait tout fait, depuis trois ans, pour désespérer ses amis, employant à tout propos, et souvent hors de propos, certaines locutions d'autrefois quelque peu « godailles », dont rougissaient le salon, le papier des murs, les cartes elles-mêmes, jusqu'à la lumière des bougies dont les petites mèches, prises tout à coup de confusion, semblaient brûler sous des roses.

Elle était friande de récits pervers, d'amourettes, et sans trop en éplucher l'ordure, les quelques hommes de son entour lui contaient volontiers leurs intimes souvenirs, tiraient pour elle, d'un doigt, les rideaux à jour...

Ils ne se gênaient pas, lui ayant connu un amant, M. d'Ercy de Senanges, officier au colonel-général. C'était, ah ! ma foi, le scandale fut si grand ! c'était vers 88, au *Club de l'Entresol*, où la marquise des Michelles, au bout d'un an de mariage, s'était fait pincer en train de tirer avec ses petites dents la moustache du militaire.

Et puis, on se disait encore d'autres babioles. Ayant failli geler dans le lit de la trop fraîche marquise, le bon Senanges, dès le second rendez-vous, s'était fait apporter... une bassinoire. Mais le troisième « relais » n'avait pas eu lieu. Boute-selle, on partait en guerre, et Senanges était allé mourir en Espagne, sous les drapeaux du Prince de la Paix.

Cette bassinoire de l'amant ! On en avait ri de 89 à 1804, puis pendant le tapage de l'artilleur, jusqu'à Waterloo ; on en avait ri de plus belle à la rentrée du roi, on en riait encore, après le whist, au baise-mains, tandis qu'on allumait les lanternes et qu'on mettait les capelines ; car jamais elle ne s'en était défendue ; elle avait seulement veillé à ce que cette histoire ne prît la diligence pour aller tomber à la Cour ; et elle en plaisantait elle-même, très volontiers, entre amis, le soir, quand la buée de son moka perlait plus fort ses idées.

Aussi, dans ce nid de vieux oiseaux, la bonne jaserie, le froufrou était de raconter cette histoire. On l'appelait *le coup de tête de la marquise.* On ne disait plus : C'était à l'époque où Necker... mais : Ce fut au moment où la marquise fit honneur à M. d'Ercy. Coup de tête vraiment, rien de bas. A peine le goût du péché, un peu de l'ongle sur la pomme ; et devant ses fins soixante ans, vous eussiez dit, à voir sa jolie peau fine de pétale, ses cheveux de nouvelle neige et sa gorge comme deux pigeons enfermés, qu'ayant ri si franchement à son premier saut, elle en espérait un second....

***

Un soir, un mardi, devant sa dentelle d'hôtel, une chanson de grelots tinta. Mᵐᵉ des Michelles était pauvre ; depuis longtemps elle ne recevait plus de visites étrangères. Toute hurluberlue, elle descendit, et une jolie femme en coqueluchon lui sauta au cou.

— Ma tante ! M. d'Alély, mon mari depuis deux jours !

— Lise ! Gracieux Seigneur ! Chers enfants, quelle surprise ! Mais je ne vous attendais pas !

Un grand jeune homme qui venait derrière, en habit vert russe et pantalon de piqué, plongea dans sa cravate : un salut de frisures à la Firmin qui embaumait la verveine.

— Madame...

Mais Mᵐᵉ des Michelles s'envolait d'une chambre à l'autre, avançait les chaises, ouvrait les armoires, on la voyait tourner dans une poudre.

— Pristi ! Suif d'ânon ! Crotte de poil ! Sans prévenir les gens, les prendre à la rosée... Tout de même, asseyez-vous ! C'est donc votre berline que j'entendais ? Et te voilà mariée, ma fossette ! Les années sont comme les chevaux de poste, elles vont ! Sur cette chaise, mon grand frais chevalier ! Madame d'Alély, au vaisselier ! Les couverts ! Vous devez avoir une faim... Depuis 1816 qu'on ne s'était vues ! J'ai justement deux perdreaux et un petit pied de porc au son. Menthe !

Une fraîche naine tomba devant sa maîtresse, sur un pied.

— Le coqueluchon de la vicomtesse ! Et le chapeau ! les mitaines ! On redine ! Du grain pour ces deux colombes, et un dé de Graves. Des façons ? Je vous

La marquise poussait sa bassinoire vers la ruelle.

pince le gras, monsieur le Joli ! Vos valises... Qu'est-ce qu'elles font là, comme des pots ! Dieu ! quelle joie de vous avoir ! Et cette fille ! Menthe ! Menthe ! Oh ! le mauvais petit poisson toujours barbillonnant jupe en l'air peut-on ! La voilà. Enfin ! Voyez la cervelle ! Chapeau, canne de M. le vicomte au portoir ; valise, carrick à la chambre bleue... C'est celle du défunt marquis.

Ce mot lui lia la langue. Alors les mariés avancèrent leurs bras en même temps.

— Ma tante !

— Madame...

Mais tout à coup elle se rouvrit, comme une rose fripée.

— Ici ! Au milieu ! Deux petites serviettes au point pour vous torcher le bec ! Mes hortensias, des fleurs pour vos beaux yeux ! Allons, qu'on m'aide. Et quand vous me regarderez sans rien dire, avec vos nez d'as de trèfle en pâte !

Menthe arrivait. La marquise fit un saut pour prendre les plats.

— A table !

M. d'Alély décroisa ses jambes, et sourit à sa femme, derrière un doigt.

— Je vous sers !

Le vin cabriola dans les verres, et de petits pains d'or roulèrent sur la table.

Les deux amoureux se mirent à manger. Mais la jolie blonde, prévenant la troisième averse, posa tout de suite les questions :

— Comme vous êtes bonne, ma tante. Et vous, votre santé ?

— Entre le blanc et le clairet la maladie me laisse en paix. Petites poules bouillies, vous ne buvez pas !

— Neuf ans, ma tante, depuis notre dernier bonjour...

— Mais voui, mien cœur ! C'était après mon voyage à Vienne, où le sieur Boos, directeur des jardins de Schœnbrunn, nous envoya des fleurs. Tu te rappelles ? Gracieuses dames ! que cela sentait bon !

— Le temps passe...

— Pour une vieille triquebille comme moi, certainement, mais, Dieu, pour vous ! La vie vous plisse ses linges frais. Peut-

on voir l'heure quand on se marie !

— Vous vous ennuyez d'être seule, m'a-t-on dit ?

— M'ennuyer ?... Que cherchez-vous, monsieur d'Alély ? Un coup de Graves, polisson ! Pourquoi m'ennuierai-je ? J'ai si peu connu le marquis... Me voilà, bichette, à cinquante-cinq ans, toute naïve sur les salauderies du mariage. Et je pense...

Ses yeux prirent de la passion, de l'ombre, elle saisit une praline.

— ...je pense que la chambre bleue est la meilleure. C'est là... Allons, de cette neige de crème ! Vous avez fini ! Déjà ! Mais, chers bons, vous ne mangez pas ! Et vos forces, pour votre hommage de tout à l'heure ? C'est bien. Debout. Hors ! comme disait Biran. Je vais vous montrer la chambre.

Ils montèrent.

Mme des Michelles les précédait, retroussée, en soufflant un brin d'air ancien : *Curé, venez donc...* L'escalier sentait la jacinthe, et Menthe, là-haut, enveloppée de bougies, semblait une vierge de mai

— Voici le salon. Voici mon coucher. Voici la porte de la lingerie.

Elle traversa le cabinet de toilette. Elle en ouvrit un autre, plus discret, mais qui sentait aussi bon.

— Merdigon ! le *petit hélas*, dit-elle en riant.

La nièce rougit, et M. d'Alély, inquiet fit jouer ses gants.

On entra dans une autre chambre, toute bleue, qui fleurait l'amour ; la marquise arrêta M. d'Alély.

— Vous êtes frileux ?

— ...

— Oui, dit la nièce.

— Je vais donc vous chercher le *chauffe-joufflu.*

Vive, elle sauta dans le cabinet et en revint avec une bassinoire, grande fleur d'or sur une tige.

— Mais... fit M. d'Alély scandalisé.

Alors, tout à coup, la nièce lança un rire ! Il dura une minute, agaçant, puis s'étouffa dans sa blanche main.

— Ma tante ! Oh ! ma tante !

— Quoi?

La blonde se haussa, chuchotante :

— Mais c'est la bassinoire du *militaire*...

— Poêle frite, qui t'a dit ça?

— Chut. Nous connaissons tous votre coup de tête.

M. d'Alély, sur les ronces, avança le nœud de sa cravate, et la marquise ouvrit le lit.

— Ah !, disait-elle. · A mon âge ! Vous m'en donnez, cette nuit. Quel tintamarrois !

Une chaleur emplissait la pièce, glissait au ras des tapis, baisait les chevilles. La bassinoire vermeille allait et venait sous les draps. Un habit d'homme entr'ouvert, des boucles défaites, un sein nu erraient déjà et se croisaient. Soudain, au moment où la marquise, plus penchée, poussait vers la ruelle sa bassinoire, drôle, insolent un peu, et sans qu'on devinât quel joli pertuis le chassait, frais et franc, rond, court, gai, sec et net, un petit pet fin sauta dans la chambre.

Alors, un froid les arrêta l'un devant l'autre.

M. d'Alély, offusqué, regardait la vieille marquise.

Elle, se tenait toute droite, confuse gentiment.

Mais au bout d'une seconde, un rire la coucha de la tête aux pieds avec ses dentelles, ses rubans, ses coques dans un fauteuil ouvert comme un vase, où elle parut une fleur.

— Mirobolan de balan ! cria-t-elle, — cette fois, mes neveux, est-ce un *coup de tête ?*

*
* *

Au petit lever, la ville sut l'histoire. Il faut accuser Menthe.

Rien de plus joliment fou que cette polissonnerie contée par des femmes qui furent belles ; son succès fut tel aux soirées du whist qu'elle prit immédiatement la place du « coup de tête ».

Pour ces vieillards qu'oubliait volontiers la mort, ce fut le grand événement joyeux, un rire douillet qui dura vingt ans. Il prit date. On ne disait plus : C'était à l'époque où Villèle proposa le milliard aux émigrés... mais : Ce fut au moment de l'*incongruité* de la marquise.

On s'y délectait, on en faisait des mots ronds, prestes, allongés, fluets, frisants, chantants, on en riait aux pleurs. Même après un demi-siècle, à la chute de Thiers, dans le même hôtel offert au lit de mort par la marquise à la vicomtesse d'Alély, on aimait à rappeler l'histoire; et une petite vieille de soixante-dix ans qui semblait le portrait de l'ancienne, en dentelles et en coques, vous la chuchotait du fond de sa bergère, entre fidèles, quand la buée du moka perlait plus fort ses idées.

C'étaient les mêmes noms, les mêmes modes, les mêmes manies autour d'elle, les arrière-petits enfants des vieux joueurs de whist. La nièce était plus jolie encore que la tante. D'une fanfreluche de bouchette, si mignonne qu'elle eût fait trois morceaux d'une cerise, elle jurait, comme l'autre, par merdigon et coquelicon, appelait le lieu aux ordures « le petit hélas », la bassinoire un « chauffe-joufflu » et, un soir, très, très vieille, se rappelant sans doute Mme des Michelles, la vicomtesse d'Alély dût mourir comme la marquise, au baise-mains de dix heures, ris et baisers je prends congé, tandis qu'on allumait les lanternes et qu'on mettait les capelines.

Dernier Menuet.

Vers 1828, M. d'Humelles revint d'Odessa. Il n'avait pas vu Paris depuis 91.

Tout était mort. Les ans avaient passé. Son hôtel était en ruines. Malgré ce désenchantement du revoir, M. d'Humelles réclama une pension de Sa Majesté.

— Que faisiez-vous à Odessa pendant nos batailles? lui demanda Charles X.

— Je contribuais à sa fondation.

— Après?

— Je tuais la bête dans les gorges de l'Oural.

— Ensuite?

— J'ai couru le cheval sauvage le long du Volga, et je n'ai jamais exploité de mine d'argent.

— Vos amis se battaient pour nous remettre sur le trône.

— Je faisais crier : *Vive Sa Majesté !* aux sauvages.

Ces réponses déridèrent Charles X. Un petit rire agita sa lèvre tombante ; mais le temps n'était plus aux badinages.

Il n'accorda rien.

Alors, M. d'Humelles songea qu'il avait aimé.

Une cendre se souleva dans son cœur, sur des brindilles mortes, et il prit la poste pour aller revoir ses amours.

Elles étaient à Reims, sous le nom de la comtesse de Flize et vivaient de crottes de beurre et de flûtes d'un sou, entre des dentelles, des bagues, des souvenirs et le respect d'un élégant blason « D'azur au demi-vol d'argent, surmonté d'une fleur de lys d'or, accosté en pointe de trois grenades du même. »

Le marquis se fit indiquer la rue Babillage, et après une chiquenaude sur sa toilette, alla rendre ses devoirs, habillé de drap zéphyr, gileté de gourgourand ramé or, son chapeau d'une main, le mouchoir de l'autre.

Ils eurent, en se revoyant, le même rire attendri, parlèrent du roy qui les renvoyait aux petits coins, de leurs amis, dont plusieurs étaient morts, de la cour « aux nouveaux visages. »

— Vous souvenez-vous, cher ami, de cette dernière soirée, à Versailles? Mme de Genlis... Ce fut notre adieu.

— En juillet 89, le soir du fameux coup.

— Comme le roi était agité ! Ces messieurs se pressaient autour de lui. On entendait la foule. « Ce ne sera rien » disaient nos amis.

— Hélas !

— Il y avait là Boisgrenier, Boberil de Juini, Moussac, Crépi, Mmes de Miron...

— De Verthamon, de la Tour, d'Altaize, oh ! je me souviens...

— La duchesse de Banderan.

— Le joli Gascq, qu'on appelait *Pipi.* Et la gouvernante arrivant de Saint-Leu...

— Oui ! oui ! la reine proposa un bal en son honneur, nous dansâmes.

— Ensemble.

— Tous deux !

— Ces violons ! Cet air de *Rose Colas !*

— Mais, seigneur ! Je me souviens en effet que vous en jouâtes. Vous aviez du goût pour ces joujouteries.

Elle devint rose.

— C'était pour faire voir vos mains. Il y avait, entre autres, une danse qu'on vous demanda ce soir-là. Voyons si je me la rappelle...

Ils restèrent l'un devant l'autre, cherchant au fond de leurs souvenirs l'air de ce dernier menuet. Il avait scandé des révérences, tandis qu'à coups sourds des pioches cognaient le trône. C'était l'extase ancienne, celle de la dernière fête, mais l'air était oublié.

— Ce menuet, dit Humelles, je l'ai joué cependant. Le motif en était joli, mais c'est si lointain...

Ils se levèrent.

— Revenez me voir, dit la comtesse.

— Avec un ami à vous, dit le marquis, avec mon violon, celui du fameux *menuet.*

— Oui, avec votre violon. Le fidèle ! il chante toujours, lui...

Il fut exact.

La comtesse l'attendait et les servantes avaient poussé la croisée sur les anthémis du jardin. Il y faisait doux et pur, des papillons y descendaient, comme une neige.

Humelles posa le pupitre, et ouvrit la boîte.

— Quel bijou ! dit Mme de Flize. Et délicat, si léger !

Elle le tourna. C'était un instrument à émouvoir les vipères.

— Quelle courbe !

— Une âme en feuilles de satin. C'est le violon de Stamitz...

Le soleil entra comme un bonjour. Le marquis monta l'instrument dont les cordes étaient desserrées, puis il l'accorda, lissa de colophane son mince archet.

— Voulez-vous me faire plaisir? eh bien ! il y a une chose que je voudrais encore entendre : la *Mouche de Biscaye*.

— Je la connais.

— Jouez donc.

M. d'Humelles était debout, le soulier en fleur, le coude en l'air. Il allongea une main délicieuse, tira une note, et devint pâle.

— Oh ! fit la comtesse.

L'instrument n'avait jeté qu'un cri, une espèce de plainte désolée et gutturale. Au deuxième coup, le miaulement recommença.

— Ah ! mais...

Il prit la pointe du morceau, ce fut pire. Dans la boîte courbe rageaient des hordes félines.

— Vous ne connaissez donc pas la chanson?

Le marquis en fredonna quelques mesures.

— C'est bien cela, dit la vieille dame. Alors, qu'y a-t-il donc? C'est invraisemblable. Passez à une autre. Jouez un peu du *Sergent d'Espagne*.

M. d'Humelles s'en souvenait. Il essaya. Aussitôt un cri de torture s'envola du mince violon.

— Tu chanteras ! tu pleureras ! cria-t-il.

— A un autre, chuchota la comtesse in-quiète : *Tant my d'ennuy*, c'est un air fin.

Le marquis le savait par cœur. Toutes les mesures, il les avait dans le talon ; il était suprême à la reprise.

— Une... deux !

M. d'Humelles examine l'archet.

L'archet fila comme une libellule, s'arrêta court ; le même cri de chat tigre sauta hors du violon.

— Du diable de Dieu ! cria M. d'Humelles.

— A un autre. A un autre... Mais on dirait, dit la comtesse, que votre violon ne *veut* pas jouer.

Le vieillard feuilleta différents morceaux.

Aux premières notes du *Déserteur*, le violon gronda de toutes ses cordes.

— Il n'aime pas Monsigny, dit la comtesse. Autre chose.

Rose et Colas rompirent les fils de l'archet, il fallut un temps pour les remplacer. Le *Huron*, de Grétry, fit pirouetter la chanterelle.

— *Le Temple de la gloire*, insinua la comtesse. C'était un des triomphes de « Rigodon », vous savez, le duc d'Avrenay.

Le joueur essaya le *Jeune Henri*, de Méhul, le *Sabinus* de 1773, et quelques mesures d'*Iphigénie en Aulide*. Le violon criait ; têtu, il refusait de jouer.

— Va te faire lanlaire !

Sur une chaise où il l'avait posé, l'instrument restait immobile, imbu d'une volonté sourde, prêt à sauter sur le marquis, le manche en éclair, l'âme crevée en éclat de bois M. d'Humelles fit le tour de la pièce, frotta ses mains impuissantes et ressaisit le violon.

Il était sur le point de briser tout. La colère aux dents, il aspira ses souvenirs et recommença. Ce fut la même clameur rampante, lugubre... Mais à l'instant où il allait jeter le violon, — oh ! quelle voix humaine pourrait traduire cette note? une perle s'éleva dans l'air, précise et lisse, voluptueuse, le *ré* de la vingt et unième symphonie de Gossec.

Cette note ne semblait-elle pas un avertissement? Mais de quoi? D'où venait-elle et que voulait-elle du marquis? Son violon sous le bras, morne, l'archet pendant, M. d'Humelles se chantonna cette note, la promena dans sa mémoire et l'y laissa aux lumières dans le tourbillon des musiques ; il ne trouva rien.

Il la rejoua. Elle était grave, comme d'un violoncelle, on eût dit la note de sainte Cécile. Il la laissa filer, essaya d'y rattacher quelque romance perdue, cherchant, d'après cette note unique, la clé du chef-d'œuvre ; et il en arrivait à la *Dame invisible*, de Berton, lorsque tout à coup, entre deux hurlements, une

portée amoureuse s'enleva, liée au *ré* de Gossec.

— Mais je me souviens de cet air-là ! cria la vieille dame.

— Enfin..., s'extasia M. d'Humelles, c'est du bengali, cette mesure.

Il la reprit, et de l'archet la lança comme un papillon dans ses souvenirs...

Alors, comme si on lui eût demandé les seules larmes qu'il voulait pleurer, le violon se délia et chanta.

C'était l'*Adieu d'Aminthe*. La comtesse se leva... Une voix entendue déjà s'éveillait dans le doux violon, alouette qui s'y était nichée, y avait vieilli, le bec dans les plumes, et dont le bout de l'archet ressuscitait l'âme oubliée. A cet appel de ressouvenances, ils se revirent tous deux dans la même salle de verdure, en cette nuit de juillet 89, sur les mêmes chaises, en face des mêmes gens, du joli duc des ruelles et des tendres Miron et Verthamon. C'était l'extase ancienne, une danse glissée sur des ruines ; elle voltigeait sur des lumières et des courbettes, sur leurs espoirs, sur leurs regrets, — et lorsqu'elle fut finie et que le vieillard en arriva aux dernières notes, quelque chose dans l'archet se rompit, une sorte d'adieu hoqueta dans le violon, et de sa boîte creuse, évidée en petit cercueil, s'envola par les fenêtres, comme attirée par l'ombre où pour toujours s'en vont dormir les grâces mortes, l'âme du *dernier menuet*.

Un Evêque.

Du « coin de feu » qu'il occupait chez Mme de Rosay, M. de Sainglas qui venait de quitter le service et jugeait la cour froidement, conseilla M. de Martignac sur le point délicat des franchises électorales. M. de Martignac, ministre, se souvint de ce chuchotement dont l'ironie lui avait particulièrement plu, et comme le vieux soldat ne savait que faire, partagé entre la parlotte, quelques bons dîners, le whist, les femmes et la misère, il le fit « d'église », écarta les formes, précipita ses bontés ; le cardinal prince de Croy fut de moitié dans ce pieux scandale. Un soir, comme il jetait les cartes, M. de Sainglas qui ne savait pas un *us* de latin, quitta le jeu de try en apprenant qu'il était évêque ; malgré sa grande bravoure, cette nomination le fit frémir.

— Les gens sans fortune doivent être parfaits, ma vieillesse ne me sauvera pas.

Les dames qui l'entouraient se mirent à rire.

— Chou frais qui se croit vieux ! L'êtes-vous pour nous? *La vieillesse est une étincelle...* Qui fit ces vers? *La vieillesse est une étincelle — dont la lueur se renouvelle...*

— *A mesure qu'elle s'éteint,* dit Mlle de Beauvais.

— Bonnes, chuchotait le vieillard, enfants charmantes, je vous jure...

— Vous jurez déjà !

Mme de Rosay prit la main de l'évêque :

— Apprenez une fraîche bénédiction, et venez nous la sourire les mardis, jeudis, samedis. Vous aurez la place de table de Guernon-Ranville, les aiguillettes du gibier et nos secrets de confession. C'est une vie.

M. de Sainglas, dont un coup de sabre joliment conquis à l'armée des Princes incommodait le mollet, trébucha de robe en robe.

— Ce pauvre M. de Guingois, dit la belle Fare, il aurait sa crosse, nous en aurions sur les doigts.

L'évêque sourit.

— Ah ! crièrent-elles, mais ne soyez donc pas si triste ! Voyez ce Frayssinous, ce laid, cet abbé de tous les chipotis que la congrégation fit en trois mois évêque, pair, comte, ministre et académicien. Amour de héros, vous vaut-il?

— Oui, dit Mme de Rosay, heureuse de ces louanges, a-t-il votre honneur, votre probité?

— J'affirme que non, dit un député libéral, vous êtes plus près de Dieu, mon-seigneur, que l'homme qui nia si énergiquement à la tribune l'existence des jésuites, auxquels il gagnait des *Agnus Dei* au billard. Et il tient la feuille des bénéfices ! Je braverais la « Quotidienne » pour vous entendre dire la messe. Vous me verrez à Nantes.

— Tenez, je m'en vais! cria le vieillard ; adieu, tracassières !

Il empocha les cent louis qu'on lui avait fait gagner, baisota dix ongles et partit

M. de Sainglas, qui avait tant d'amies, obtint de demeurer auprès d'elles. Nantes ne le vit qu'aux fêtes capitales ; on l'admira, l'encens cachait sa boiterie glorieuse, et le plain-chant ses brusqueries de langage ; le clergé de la province, le devinant en cour, fut discret ; on s'accorda sur les vertus de Monseigneur ; par ordre, afin d'apaiser ou refaire l'opinion publique, la louange du prélat emplit les confessionnaux : M. de Sainglas passa communément pour être « à pot et à rot » avec Sa Majesté.

Il l'était, presque : il avait sa table contiguë à celle du roi, et lui donna mainte réplique heureuse dont le sel humectait de rires la bouche grasse et fine de M. le Dix-Huitième et fit badauder la cour. Cette odeur de camp et de sacristie plaisait aux femmes : mise en flacons, elles en eussent toutes parfumé leur linge intime. « Le métier que je fais n'est point d'un sot » se dit l'évêque. A l'user de ces bonnes choses, le « malséant » de M. de Sainglas, lardé par la cuisine des Tuileries, commença d'emplir les fauteuils.

Que n'avait-il fait? Déjà il avait doublé la garniture de la galerie vitrée construite en 1815 pour éviter au roi la fatigue de monter et de descendre un assez grand nombre de marches avant d'arriver le dimanche à la chapelle. En sa qualité d'ancien militaire, il avait composé cette « garniture » mi-partie de gardes du corps et mi-partie de gardes à pied. Il leur fit couper les moustaches et les remplaça par de courts postiches gommés qu'ils se posaient au-dessus de la lèvre, la virgule

*****

en l'air. Ainsi agrémentés, M. de Sainglas les passait en revue.

Troussé, l'œil vif, l'évêque glissait devant les gardes, poussait un coude, une épaule, dressait un fusil, pinçait un men-

Les gardes présentant les armes à l'évêque.

ton, alignait un pied, battait de nasardes leurs gros nez rouges, les appelait Brididi, Furet, la Feuillée, Bon-Matin, comme au temps de Saxe ; enfin, arrivé au bout de la ligne, il tendait au capitaine, pour y puiser, sa boîte de pastilles. Le soleil, qui aime le bonheur, empruntait aux fresques,

aux peintures, dépouillait les amours des flèches de leurs carquois et les laissait retomber, pointes amorties, sur le tiède marbre.

Mais comme si cette fin, touchée de tant de félicités, reculait son terme mortel, M. de Sainglas avait cessé de vieillir, et les femmes qui ne vieillissent qu'à leur gré l'enveloppaient toujours de leur jeunesse, de leur beauté remuantes. Le roi laissa ce gros homme s'emparer de la Chapelle, régimenter le Ciel, discipliner le Saint Sacrement. Ces manœuvres lui faisaient du bien et dégageaient ses humeurs.

Par ordre de M. de Sainglas muni de délégations, le cérémonial du clergé fut ainsi réglé : On portait les armes à l'arrivée du roi. Au moment où Sa Majesté arrivait à sa tribune, le prêtre et les servants sortaient processionnellement de la sacristie, au pas de caserne, deux à deux, les mains dans le rang, gauche, droite. Arrivés devant l'autel, un chuchotement : halte ! Ils s'inclinaient ensemble, un seul dos et une seule tête, puis se retournaient du côté du roi qu'ils saluaient, comme l'autel, d'un fléchissement exact, mais d'une courbe moitié moins longue, où se devinait un demi-respect. L'amusement de Louis XVIII semblait sans bornes.

Les prêtres commençaient la messe, auquel moment on se plaçait l'arme au pied. Le port d'armes était de nouveau commandé avant l'élévation ; à cet instant, on présentait les armes et on mettait le genou à terre jusqu'à la fin de l'élévation. Le geste du prêtre était de même appris : demi-tour, une, deux... et le Seigneur, malmené, ne murmurait pas. Reposé une seconde fois sous les armes, on les portait pour la troisième fois au *Domine salvum fac regem* et jusqu'à la sortie de Sa Majesté de la chapelle. Les postiches des gardes battaient de l'aile, quelques-uns se décollaient ; Louis XVIII en passant saisissait une demi-moustache : « Camarade, as-tu mangé l'autre? » Prises de peur, sous la convulsion des lèvres, beaucoup se détachaient, tombaient. L'évêque accouru, le roi fuyait. M. le Dauphin, suivi des princesses, riait le premier, les dames regardaient le prélat et riaient, lui riait aussi, les gardes riaient entre eux, et le ciel qui voyait rire tout le monde... Oh ! monseigneur, et dire que vous avez eu le front de vous plaindre ! Voyez, chaton, que vous êtes indispensable. Que de cérémonies ! Quelle cour ! C'est le rêve du ravissement. Vous aurez le chapeau !

— Usez de moi, je suis au fait de M. le prince de Croy !

— Mesdames, disait M. de Sainglas, je préfère à tout cela vos aumônes, pensez à mes églises, je pare Nantes, je la veux jolie comme une mariée.

Homme excellent, ces ravigotages, ces pointes, ces mouches qui fredonnaient sur son cœur ne l'avaient point amolli ; il lui resta le sens, une propreté ecclésiastique qui lui faisaient, au moment dangereux, écarter sa robe. Il acceptait tout, mais dans le creux d'un sourire savait non sans art dénicher l'argent. Ne pouvant plus se ruiner, il devint avare pour ses prêtres comme jadis pour ses escadrons. Il n'était gras que par surprise, voluptueux que par bonnes manières ; les femmes s'en firent une victime, jamais homme ne fut plus aimé.

Oisif plein d'honneur, évêque sans latin, la Messe était pour lui un cérémonial,

l'Eucharistie une parade. Il fit de ses églises des salons d'art ; et on raconta longtemps chez *Madame* l'aventure qui lui advint comme il allait chercher le crucifix que des chanoinesses d'Espagne offraient à sa cathédrale.

Il emportait ce crucifix, bien endormi dans une boîte, laquelle boîte se trouvait fort honnêtement installée sur les coussins de son carrosse, lorsque tout à coup la voiture s'arrêta, et les employés de la douane le prièrent de leur dire ce que contenait le paquet.

— Un crucifix, mes enfants.

— Monseigneur, il nous faut le voir.

À peine déplié, un employé le saisit.

— Les objets *neufs* paient l'impôt.

— Comment ! s'écria M. de Sainglas, mais où trouvez-vous qu'il soit neuf?

Il était tard. Sa situation le pressant, il mit le crucifix dans les mains du principal employé, saisit les deux lanternes de son carrosse, les alluma, les fit tenir, l'une à droite, l'autre à gauche, par deux commis, puis, sans perdre de temps, fléchit un genou, fit le signe de la croix : *Au nom du Père... fils... si soit-il — mmmm...mmmmm mmmmmm... mmmm...* (l'événement lui fit voir qu'il ne savait pas la moindre prière, il s'en tira néanmoins) *mnmnmn mmmn... mmmnmmnmmm amen f! f!* Ces deux *f! f!* précipités furent pour éteindre les lanternes : « Eh bien ! ce crucifix n'a-t-il point servi, et me le compterez-vous pour un neuf? » Les commis n'avaient pas bougé. Preste, l'évêque sauta, le cocher donna du fouet, la voiture partit. Cette scène passa de l'Administration à la Cour, et le roi en faillit mourir. Admirez, dit Mme de Rosay, ce dernier tour du cher bon ! C'est du dessus tout pur ; la perle d'évêque !

On s'en amusa tout un an.

On ne comptait plus ces jolités, ces boutades serrées en papier de cartouche ou tendrement déroulées en papillotes galantes. Cependant il faillit dépasser la mesure, et ce qui lui arriva, la nuit de la réception des Chevaliers du Saint-Esprit ne pouvait plus égayer le roi ; le roi était mort, *Monsieur* s'appelait Charles, et Charles était devenu sévère.

M. de Sainglas sortait des Tuileries, lorsqu'on vint le prier de ne point passer la cour, que son carrosse ne viendrait pas le prendre, l'un de ses deux chevaux, à la dernière heure, ayant été reconnu malade. Il faisait bise. L'évêque, froissé par la foule, envoya chercher une voiture, quelle qu'elle fût, et bientôt une berline de famille s'avança.

A peine y était-il que les chevaux, épouvantés par le bruit, l'encombrement des carrosses et les appels de la livrée, se révoltèrent. Il baissa la glace, et assista au combat.

— Hop ! hop là !

Le cocher grommelait, groumait, râclait. Coups de fouets, sifflets. En vain.

— Hop ! uit ! holà ! Rrrr ! hop là !

On faisait le vide autour de la berline. Des têtes se montraient aux autres portes des carrosses ; le prince de Hohenlohe, Mouchy, Grammont, les ducs de Luxembourg, de Duras, l'ambassadeur d'Espagne, tous lui faisaient signe de descendre ; l'évêque regardait les chevaux.

— Monseigneur, dit respectueusement le cocher, n'y a qu'un moillien de démarrer de là.

— Lequel ?

— Mes chevaux ne reconnaissent plus ma voix, on fait un tapage ! J'ai une manière de leur parler qu'ils comprennent, mais je n'oserai jamais...

— Ose, mon ami, je m'étonne que ma présence t'empêche de parler à tes chevaux.

— C'est que... je suis un peu franc, j'ai le collier dur avec eux.

— Va pour ta franchise, mon fils, c'est une vertu peu commune.

— *Bon Dieu de cent Dieux de sacré bon Dieu de mille sacrés tonnerres de bon D...*

— Assez, puisque tu pars ! cria l'évêque.

Mille rires s'envolèrent des carrosses, mais la berline était loin.

Cette aventure, qui fit scandale, rappela au froid Charles X la comédie de la douane, et marqua pour M. de Sainglas, devenu infirme, la date d'une retraite dont il affectionnait les délices.

Il mourut, aux abords de 1830, empoisonné de sucreries, dans les bras de trois charmantes femmes.

Les Soirées.

— Belle Dame, nous jouons ?

— A la pantoufle, mais il manque un joueur.

A ce moment, une cloche tinta. Les bras restèrent en l'air, en points d'exclamation, et sous les bougies, un peu rose, Belle Dame chuchota :

— C'est le coup de M. de Valeilles.

Quelques sourires voltigèrent de bouche en bouche, un semblant aigres :

— Voici le cher comte !

— L'essence !

— La crème !

— La fève !

Mais un pas montait, méthodique, dans un flonflon de jupes. La porte s'ouvrit ; entouré de jeunes servantes, un homme, les yeux mi-clos aux lumières, s'avança précipitamment vers Belle Dame.

Poli, le coude ansé, il superposa trois courbettes ; d'une main dont deux doigts seulement étaient tendus, il saisit le poignet, au gras, et baisa l'amande d'un ongle.

— La santé d'aujourd'hui, Belle Dame ?

— Pipette ! des brimborions dans le cœur après le repas, l'air du jardin, tenez, qui est trop frais.

Les voix s'élevaient. Ils quittèrent les sièges, et le comte se mêla aux dames. Il y en avait deux, très jolies, Mmes de Montagudet et de Cos. Elles le plaisantèrent.

— Nous allons jouer à *pantoufle*.

— C'est une occupation agréable, mais qui donnera le pied ?

— Belle Dame.

M. de Valeilles ne disant rien, la fin

Montagudet lui pinça un bout de chair.

— Comme il dissimule, ce nez !

Soudain, quelqu'un dit :

— Toutes belles, à vos tabourets.

Et le comte, à son aise, regarda sa gracieuse amie.

C'était une personne de qualité, au sourire doux, à la bouche si menue qu'elle semblait inutile, mise là pour l'ornement.

— Au jeu.

Elle s'assit parmi les femmes assises, dans le cercle, regarda le comte, et lui tendit ses jambes au bout desquelles palpitaient deux oiseaux privés.

— Veuillez, je vous prie, mon cher monsieur de Valeilles, me dénouer ces cordons.

Du bout de l'index, il lui enleva la pantoufle.

Une dame s'en saisit.

Aussitôt, la pantoufle se mit à courir de mains en mains, derrière les jupes et les basques. Il fallait, pour gagner au jeu, que le comte la désignât : « C'est vous qui l'avez ! » ou bien qu'il la prît au vol : « Je la tiens donc ! » Parfois, trompé, alors qu'il errait ailleurs, vive, elle quittait la ronde et lui frappait le mollet d'un coup gentil, puis retournait se cacher. Valeilles, un peu myope, éternisait le jeu.

— C'est vous qui la tenez, Cos !

— Le ciel me pardonne !

La pantoufle s'élança. Il la vit ; penché hors du cercle, il saisit le bras d'une dame.

— Vous !

— Erreur !

— Votre main !

— Non !

A la fin, Belle Dame fut prise. On lui retira la pantoufle, qu'elle serrait en riant. Puis ce fut le tour des autres. Tous avaient un gage.

— Distribuons, dit Belle Dame.

Elle libéra le cercle en se levant. On tira

les petits papiers, et le gage du *Pèlerin* lui échut.

— C'est M. de Cos qui vous promène.

Ils se mirent derrière une porte, et au bruit d'une claque apparurent M. de Cos en pose de gavotte, un doigt sous le poignet de Belle Dame, elle un peu courbée, en révérence.

Pour ce gage du *Pèlerin*, M. de Cos devait faire le tour des joueurs et demander une *prise* pour lui et des *hommages* pour sa dame. Tout le temps tintèrent les rires ; après le salut de Montagudet, gros homme en habit pou de soie dont le tabac était excellent, ils arrivèrent à Valeilles qui les attendait, énervé.

— Cher bon, s'il vous plaît, pour le pèlerin, une prise.

Le comte présenta sa boîte, et le chevalier de Cos huma longuement.

— Et veuillez donner à la pèlerine..

Il parut chercher.

— B !.., B !... firent les dames.

— C'est cela, dit le Cos, un baiser.

Pâles un peu, Valeilles et Belle Dame se levèrent. Le comte s'essuya les lèvres, d'un joli geste de mouchoir, et Belle Dame, levée sur un pied, tendit sa joue en montrant l'émail de ses dents. Valeilles y posa la bouche comme on baise une fleur.

— Quel passe-volant ! Si sa femme voyait...

— Mme de Valeilles sait fort bien qu'elle n'est pas aimée, elle n'est plus jalouse.

— Et sa santé ?

— Dans le pire état.

Huit heures sonnaient. Tout le monde se leva. Mmes de Cos et Montagudet prirent leurs mantes. On parla du froid.

— Couvrez-vous, mes chattes.

La porte s'ouvrit. Dans une ouate de brouillard luisaient les lanternes.

On s'éloigna dans la campagne, et chacun suivit son étoile.

***

Ainsi, depuis des ans, des ans, M. de Valeilles allait chez Belle Dame, où la « société » se réunissait. Spirituel mais sans avoir précisément d'esprit, il savait conduire un bavardage. On le soupçonnait même d'avoir tourné des chansons : *Fleur angevine* et *Tenez-vous coi*, qu'il susurrait, la bouche en galère, d'une voix tout juste agréable.

La « société » l'accusait d'aimer Belle Dame, et le poussait doucement aux inconvenances. Chaque soir, on l'entendait monter l'escalier, suivi des servantes de la maison qui pillaient des pralines dans sa main tendue. Il apparaissait à la porte du salon, avec son visage inaltérable de portrait. Tandis que les habitués vieillissaient, M. de Valeilles, énergique, cimentait ses lézardes et gardait les guides ; il semblait figé dans sa trentaine.

C'est lui qui avait introduit chez Belle Dame le jeu des *gages*, et il paraît que tout le monde l'avait approuvé. Ce jeu devint le favori, on s'y passionnait. Le petit salon donnait sur un bois de chêne où des guis s'échevelaient aux fourches des branches. Par les fenêtres, on voyait nager les étoiles. Les femmes étaient jolies, on ne chicanait sur aucune erreur, chaque erreur valait une caresse ; pour les hommes, c'était une occupation quotidienne d'aller à ce baise-mains.

Le comte sortait le dernier, précédé par son domestique et sa lanterne, suivi de Belle Dame retroussée dans ses linges blancs.

Il y avait derrière la maison une porte secrète, et il fallait traverser une vigne dont les feuilles emperlées leur soufflaient des bijoux aux cheveux. C'est là que le comte et Belle Dame se complimentaient en s'attardant.

La « société » faisait le tour pour les revoir. On plaisantait :

— L'ô-tre-jour, m'allant prômener...

— Notre ami aspire au veuvage.

— Belle Dame est lasse du sien.

Un jour, il ne parut pas.

Un mot de lui à Belle Dame apprit à la « société » qu'il était parti en Gascogne retrouver cette *chère* Valeilles. (Il appelait ainsi sa femme.)

On attendit son retour avec impatience. Le jeu des gages devint morne ; les dames ne poudrèrent plus leurs joues, il manquait le papillon.

Le carême s'écoula ainsi.

Puis, sans dire gare, apparut le comte, persifleur et toujours jeune. Une fadaise, un rien de plus, toutefois, dans sa personne : il était habillé de noir.

Après quelques semaines un peu terrées, il admit une visite, on sait laquelle, puis deux, trois, puis toutes, ouvrit une porte, deux, trois, puis, comme un orage en mai, l'oubli avala le chagrin. Que s'était-il passé?

On le sut : comme Belle Dame, il était veuf.

— Ah !... ah ! dit la « société »...

Elle prépara une indiscrétion. Ce fut le gros Montagudet qui prit l'ordre.

— Mon cher, dit-il un jour à Valeilles, pourquoi ne vous mariez-vous pas?

Le comte tourna sur une pointe.

Ils étaient seuls, au delà de la ville, sous des arbres.

— Vous êtes veuf. Selon toute apparence, vous désirez vous remarier. Nous connaissons une personne agréable, à laquelle vous ne déplaisez pas. Croyez-vous que Belle Dame?...

Valeilles l'arrêta.

...Il revoyait la chère maison, les mutines bonnes, le bois, la vigne du baiser, le petit salon où, despote du jeu, célibataire adulé, il se devinait, tant qu'il serait libre, un fil sans fin d'heures à dévider, au ronron des langues, des jupes, du thé. Souriant et résolu, il volta :

— Belle Dame, oui... la femme de mon rêve, mais l'épouser, impossible, car... si... si je me mariais...

Et il osa dire cette phrase que la « société », moins fine, ne comprit que le lendemain :

— Où irais-je passer mes soirées?

Pantomime Galante.

Hercule de Beaujolin s'arrêta au milieu du Palais-Royal.

Ex-lieutenant-major de la Compagnie de Rivière, puis des gardes de *Monsieur*, ancien officier de chasseurs, M. de Beaujolin avait fait avec distinction les guerres de la Péninsule ; c'était un des plus anciens légionnaires de la vieille armée.

Avec cela, un peu de lettres, point trop par mépris des auteurs bavards, mais assez pour répondre aux femmes et interrompre les hommes. On avait de sa plume un récit de la campagne du Portugal que citaient les partis contraires.

M. de Beaujolin s'était arrêté au milieu du Palais-Royal. Il était dix heures. Le soleil allumait les cailloux, visitait les feuilles des arbres, et jouait amoureusement sur le derrière d'une Léda de marbre, à la peau si tendue, si lisse, qu'il venait d'en faire le tour sans y pouvoir accrocher la moindre paillette. M. de Beaujolin, qui avait peu de goût pour les représentations artistiques, promena son regard sur le jardin, n'y vit que quelques enfants, une poissonnière, deux gardes qui suivaient leur nez, point de femme qu'une fille de maîtres en tablier de toile et bonnet de simple batiste ; n'y reconnut personne de sa connaissance, interrogea l'œil de Léda fixe, dur, creusé, indifférent aux misères de notre monde, puis, réfléchissant pour la seconde fois qu'il n'avait point expédié sa prise, s'accommoda tout à son aise pour cet événement.

Et d'abord, il s'établit sur ses jambes dont il planta solidement les pieds dans le sable, d'un sursaut le dîneur qui fait descendre le manger, lança ses bras en avant pour détortiller ses manchettes, les ramena, les colla contre la poitrine, enfin ses doigts papillonnèrent, il en essayait les ressorts.

Sait-on ce qu'est une manie? Éternel petit caprice nommé par Sterne un *dada* ; on ne dompte pas le dada par la privation de sommeil, les coups de botte et le sucre, c'est plutôt lui qui nous mène.

Le comte, ayant fait jouer ses phalanges, enfonça le pouce et l'index dans l'une des poches de sa culotte « flanc de puce en fièvre de lait », et en retira le plus fin, le plus imprécis mouchoir qu'aient tripoté des mains de duchesse.

M. de Beaujolin.

Il valait au moins douze écus, douze ou pas un.

Il l'agita, le lâcha, le ressaisit en dessous par le milieu, et se prit le nez avec force. Après les joies de l'amant, du gourmet, qui dira celles du priseur? Si le féministe a trop d'impatience pour assister à ses sensations, le gourmand doit compter avec la défaite de son estomac, seul le priseur triomphe : son nez possède la jeunesse éternelle, il demeure sur les ruines de son visage comme le sphinx qui vit pourrir les civilisations et glisser les races. On a dit que les yeux étaient le miroir de l'âme ; le nez c'est l'âme de l'homme, le nez s'offre, nu, à toute investigation ; pas un homme, pas une femme n'entrent que vous ne puissiez dire à l'inspection de leur nez : cet homme est un niais ou un homme de génie, cette femme a du sens ou de la bêtise. Le nez de M. de Beaujolin était une combinaison de celui d'Aristophane, long, et du nez d'Apicius dont la capacité s'étendait d'un coin de bouche à l'autre ; vu de face, il révélait de gras appétits, mais de profil c'était la harpe, il en avait l'arête vive, la sensibilité, et parfois, lorsqu'il le voulait, l'harmonie.

Les oiseaux envolés au coup de tonnerre de ce mouchoir, observaient M. de Beaujolin du haut des platanes. La pudeur de Léda devait être sincère : à ce bruit, rien d'elle n'avait bougé, ni le moindre cheveu de ses blanches nattes de marbre, ni le plus petit ongle des doigts qu'elle ramenait, gracieuse, sur ses beautés. M. de Beaujolin se moucha encore, en secouant son cou comme les canards, puis, à petits gestes pointus, scandés, cura ses narines, fit criter sa gorge, grouma, soupira, renifla, sourit, darda une lippe, souffla dans son nez, leva les yeux, les fit pailleter, luire, ciller, s'alanguir, mourir, et d'une tape sur sa poche, y enfonça le mouchoir. La demie de dix heures sonnait.

Délicatement, du gousset de son habit, il retira le bijou précieux, la tabatière, « le nid aux belles humeurs », qu'il regarda complaisamment. C'était une boîte d'écaille à double fond, légère, imagée.

M. de Beaujolin sourit, il souriait au portrait du premier couvercle : un portrait de femme à son lever, ce qui s'exhale de chair du fouillis, d'un lit, des cheveux emmêlés, des yeux battus, un sein, une patte velue, celle du comte ou d'un sapajou, qui arrachait passionnément les dentelles, tout cela peint dans un sourire, baisé, caressé, fleuri par un cabriolant pinceau qui avait dû reprendre et quitter souvent son ouvrage. Sur l'autre couvercle se lisait : Défendons la Charte.

Le dessus était pour la prise aux dames, pour la politesse aux pairs ; M. de Beaujolin, étourdi, avait plus d'une fois tourné la boîte du côté qu'il ne fallait pas.

Cueillir une prise réclame de savantes grâces. M. de Beaujolin, de l'index, ramena des quatre coins de sa tabatière une légère masse de poudre blonde, chef-d'œuvre élaboré sous son regard, à l'office, par d'intelligentes servantes, mixture de deux tiers de tabac d'Espagne et cédrat, d'un tiers d'Odeur de Gênes, avec un montant dû à l'euphraise, au cyclamen, à un peu de gingembre, à ça de poivre et à une imperceptibilité de bois-saint. On peut faire ici-bas son paradis.

La pincée de tabac entre deux doigts, M. de Beaujolin leva la tête, jouit du soleil, des parfums divers, des ramages.

Les plaisirs de l'égoïste ont cela de délicieux qu'ils réduisent à la mesure de son cœur la totalité des jouissances de la vie.

Ce souffle de tabac fit de M. de Beaujolin l'ange de la bienveillance : il eût applaudi le Général Foy. Lentement, il éleva la prise, la regarda.

Le joaillier pressé d'acheter n'a point d'autre œil pour la perle... M. de Beaujolin épia le tassement, la couleur, la misécheresse du tabac captif, et cet examen comptait chaque atome, le pesait sur de minuscules balances. Du tranchant de l'ongle, il écarta une poussière, puis deux, trois, si infiniment petites qu'une pointe d'aiguille eût à peine pu les saisir... et d'un geste, arrive qui plante, balaya la prise dans les profondeurs de son nez.

Mais...

...Mais ces doigts qui avaient massé,

lévigé, lancé si adroitement la boulette, se suspendirent aussitôt, mornes, et la lèvre du comte se retroussa :

pf...

M. de Beaujolin connut l'angoisse, et fit une enquête. Quel était donc ce parfum? Il respira ses manches.

...

son tabac,

...

le jardin,

...

analysa l'air,

...

renifla autour de lui, ne sentit que l'âme des fleurs, errante, haussa les épaules, s'entêta, rejoignit ses ongles, en fit un bouquet dont il badina ses narines, flaira le pouce...

?

l'index...

?

Émouvant instant ; il délia le troisième doigt, mais comme il humait l'annulaire, son corps eut un soubresaut :

Pffffu...

Étoilé de pierreries, le doigt scintillait en l'air, gras et blanc, coupable épouvanté. M. de Beaujolin regarda sa tabatière, et comprit.

Sur le couvercle, un sourire de femme était peint, qui voulait s'expliquer, parler... Inutiles tourments, vaine confusion ; M. de Beaujolin baisa le portrait, et l'insupportable odeur devint immédiatement délicieuse,

... si exquise, même,

...qu'il regarda, méfiant, de tous côtés, pour voir si quelqu'un passait.

Personne. Les oiseaux, scandalisés, s'étaient tus ; la Léda, plus rose, fermait tout à fait ses yeux.

Alors, seulement, M. de Beaujolin rouvrit sa boîte, toussa, campa ses coudes, cueillit une seconde pincée, empoigna, nasarda son nez énorme, y enfonça *le fameux doigt* comme dans le cœur de deux roses, et se débarbouilla la cervelle d'une voluptueuse, angélique, in-ter-mi-nable prise dont le coquet arome ne se volatilisa que sous la voûte du Louvre, « mortelle, dit la chronique, par ses nombreux courants d'air. »

La Religieuse.

Ce vieillard avait sans doute lu Diderot, et pleuré avec les poètes.

Un jour, comme il terminait sa promenade, il passa devant une chapelle où se célébrait une messe le dimanche.

Le marquis ne s'était jamais préoccupé de Dieu ; mais comme il avait de l'éducation, il désira rendre visite à ce « gentilhomme », et mit sa cravate au point.

Chapelle étroite ; ce qu'il faut de murs pour abriter une prière. Deux vitraux fleuris l'ornaient, d'où tombaient du jour et des roses. Il y avait là un vieux prêtre, quelques bougies, trois enfants de chœur, vifs comme des souris blanches, et un petit monde pressé, entassé, léger.

Le marquis n'écoutait pas.

C'était, autour de lui, une société de haut ton, de vieilles dames pâles, d'hommes désabusés qui s'en retournaient à l'enfance ; dans l'air de cette église rôdait un parfum de benjoin.

Au bout d'une minute, derrière le marquis, des voix chantèrent.

Aux premières notes, il frissonna.

Tourné, il essaya de voir, ne vit rien.

— Ce chant...

Il saisit la main d'une voisine :

— Qui chante? Qui chante ainsi?

— Ce sont ces Dames du Carmel.

Les voix qu'on entendait chantaient bas et toutes se fondaient en quelque chose de sombre et de lointain ; c'était un chant qui sanglotait sur trois notes, en mineur, comme les coups d'un glas.

— Où sont ces Dames? demanda le marquis.

— Mais on ne les voit pas, lui répondit encore le petit souffle. C'est la règle. Vous ne connaissez donc pas le vœu des Carmélites? Elles ne doivent voir personne et on ne doit plus les revoir, elles sont des mortes, et cette messe du dimanche derrière ce grillage est leur seul divertissement.

Il y retourna le dimanche suivant. Il aimait les entendre, assis, paisible, une prise oubliée au bout des doigts. Se croyant sans pitié, il s'endormait à les plaindre.

Bientôt on le connut, et les chaises, quand il passa, glissèrent devant lui. Mais il ne parlait à personne ; les autres étaient des vivants, leur vie heureuse lui eût fait horreur ; il ne venait là, maintenant, que pour celles qu'il aimait, pour des ombres.

Un an, deux ans passèrent.

Au bout de ce temps, à force de ruses, d'attention patiente, il arriva peu à peu à *reconnaître* les voix. Déjà il entrevoyait des visions vagues, des groupes serrés de guimpes, dans un crépuscule.

« A droite, songeait-il, étaient des femmes vieilles, fatiguées, qui ne chantaient plus, qui râlaient ; à gauche, des femmes plus jeunes dont l'accent donnait le ton ; d'autres, au milieu, un peu mêlées. »

Cependant ces voix tristes s'exhalaient ensemble, se développaient, se prolongeaient sous les voûtes, pour retomber sur l'autel aux pieds de Dieu. Elles rampaient, parfois résignées, parfois sourdes, d'autres fois s'élevaient sur l'aile de l'hallucination.

Il ordonnait par groupes ces femmes invisibles, les classait en cortèges bleus, essayant, à travers leurs voix, de pressentir leurs figures ; mais toutes, en rêve, lui semblaient égales, elles chantaient et se plaignaient sans se détacher.

Pourtant, un jour, une voix fraîche monta librement.

Lui seul pouvait la deviner, la suivre entre toutes. Elle se détacha, fine, du bourdonnement de ce glas, comme un son de clochette, comme un rayon du volet fermé.

Il se dit :

l'entendre, de la deviner plutôt, et de la parer d'un secret, d'un charme.

Elle devait être belle. On ne chantait pas de cette voix longue, pure, qui exaltait le cri, montait la première, et finissait seule,

Le marquis sortant de l'église.

— C'est une *nouvelle*.

Il aurait pu s'informer, savoir le nom, connaître le visage de cette Carmélite, il préféra l'inconnu, le plaisir seulement de

comme un écho attardé... on ne chantait pas ainsi sans être belle. C'était, parmi des fantômes, le chant d'une jeune fille, sans doute, le chant immense d'une bouche menue, d'un petit oiseau dans un grand ciel.

Désormais, la boutonnière du vieillard fut fleurie et son jabot exactement plissé. C'était après les conférences d'Aix-la-Chapelle.

Sa vie n'avait pas bougé. L'approche d'un dimanche, maintenant, lui donnait la fièvre. Il allait à la messe, écoutait chanter les religieuses invisibles derrière leurs grilles, non plus avec attention mais avec extase ; il s'en allait en se disant :

— Aujourd'hui, *elle* était heureuse. Comme *elle* offrait sa voix ! Comme *elle* a chanté haut, et longtemps.

Ou bien, en traversant le Luxembourg :

— Qu'avait-*elle* ? Que lui a-t-on fait, cette semaine ? Il y avait du chagrin dans sa voix. Ces Carmélites, des femmes sévères.

Il achetait des fleurs *pour elle*.

Il atteignit ainsi 1820, sans manquer une messe.

La sœur inconnue chantait toujours, avec la même ardeur qu'autrefois. On devinait Dieu dans l'éclat de son chant. On la sentait jeune toujours, pleine de santé, de croyance. S'il ne la voyait pas, s'il ne devait jamais la voir, le bonhomme vivait avec elle, pour elle. Il ne lui avait pas donné de nom, il l'appelait : *elle*. La vie s'était tue autour de lui, sauf ce dialogue vague et muet, cet amour ; et la duchesse de Berry put mettre au monde le duc de Bordeaux, et la Chambre proclamer la loi du double vote ; attentif à sa Carmélite, le vieillard n'entendit rien.

— Quel chant large ! Elle doit avoir trente ans ; elle n'est plus jeune fille, c'est la voix d'une femme. Quelle vigueur !

Les fleurettes achetées le dimanche, portées à la messe comme un hommage, tandis que la voix chantait, défaillaient dans leurs verres au long de la semaine, sur la cheminée. C'étaient *ses* fleurs ; comme il y en avait toujours devant lui, ou fraîches ou fanées, il se figura qu'il les recevait d'*elle*.

Il eut une maladie, en 1824, un mois d'inquiétude. Deux dimanches, trois dimanches glissèrent. Enfin il se leva, pénible, épingla le jabot qu'il plissait aux pailles, et courut la voir.

Installé, il écouta... Son mal lui rendait l'oreille subtile ; il eût perçu le bruit, dans l'air, des bagues de fumée de l'encensoir.

Elle chanta, au milieu des autres, mais quelque chose, dans sa voix, s'était modifié. Il le sentit, s'en alarma.

— *Elle* a de la peine. Pourquoi cette contrainte dans l'accent ?

Et jusqu'à l'autre dimanche, il vécut avec cette idée qui le brisait :

— On *me* la fatigue.

Dès lors, l'inconnue se plaignit. Il le sentait à l'élan blessé de son cantique, à sa voix plus absolue qui se faisait suppliante, puis violente, violente, et dominait le chœur, parfois, d'éclats sauvages.

C'était, du reste, l'une des seules voix, depuis dix ans, qui fût restée en force et en jeunesse. Mais maintenant, où était l'oiseau, la mésange du matin que le vieillard naguère écoutait ? Depuis une année, l'aile de cette voix se cognait aux angles ; elle allait et venait, aveugle, tombait, s'élançait, retombait encore, l'air de sa cage pouvait à peine la soutenir.

— Mon Dieu ! Mon Dieu ! se lamentait le vieillard. Qui l'a troublée ? Se repent-*elle* d'avoir pris le voile ? On dirait qu'*elle* voudrait s'échapper, la pauvre femme...

Tout à coup éclata la révolte : un cri hardi, puis de sourds et de prolongés, de sanglotants qui se fendaient, horribles.

Quelques mois après, on l'entendit encore, désespérée, mais plus assombrie, lointaine ; bientôt ce ne fut plus qu'un regret navrant, sur trois notes glaciales, comme un son de cloche, mêlé au râle des autres voix.

Un enfant berçait l'encensoir dans le chœur. Il semblait au vieillard que son balancement rythmait un glas, que c'était l'image d'une âme qui montait haut, donnait toute sa souffrance en parfums, puis décroissait, à bout de fumée...

Il écoutait toujours, attentif.

On n'entendait plus cette femme que quelquefois, à des dates fixes, au temps des roses de Marie, des neiges de Noël, aux mystères qui épanouissaient sa foi chancelante, relevaient son accent. De 1826 à 28, elle lança encore quelques appels dans le silence, mais harassée par on ne sait quel immortel chagrin, sa voix presque aussitôt se mourait, pâmée, dans le chant monotone de ses sœurs, dans l'affreux râle.

Il n'y avait plus de fleurs chez le mar_quis. Les dernières, vieilles de cinq ans, celles qu'il avait achetées aux beaux jours qui lui rappelaient la jeunesse de l'inconnue, gisaient dans la poussière des verres. Il n'osait y toucher, ne les regardait qu'avec des larmes.

La femme chanta encore.

On célébrait une messe en l'honneur de la prise d'Alger. Sa voix était devenue atroce, une douleur l'éraillait ; au bout de quelques notes, elle palpita dans les autres voix, dans le râle, comme une étincelle d'encensoir qui agonise, se meurt.

Le bonhomme, à présent, ne sortait

plus que le dimanche. Aller à cette messe était un voyage.

Il discernait toujours la voix, mais mêlée aux autres, presque fondue. C'était... c'était comme le bruit d'une eau lointaine dans le vent ; elle ne s'élançait plus d'un jet sonore, c'était une rumeur rauque, un murmure...

Il y avait dix-sept ans qu'il écoutait, qu'il adorait cette sœur, cette femme, sans l'avoir vue, sans être aperçu d'elle.

Un jour, c'était en 1832, il voulut aller à l'église. La messe était commencée.

Il se traîna, pénible, jusqu'à sa chaise, et tendit l'oreille.

La voix, derrière lui, n'avait plus de force, le couvent l'avait brisée tout à fait. Soudain elle s'arrêta...

... Et comme le vieillard regardait le fond de l'église, il vit l'encensoir *éteint* filer sa dernière haleine, une bouffée bleue et mourante,

... comme un I léger.

M. de Reminguard s'en allait au bassin.

La Bague

Fontainebleau, une heure après le déjeuner.

— Passez-moi, ma bonne, le rubis de la Dauphine.

La femme de ménage tendit l'écrin. M. de Reminguard s'essuya les doigts, glissa le bijou, le tourna, le fit luire, prit son chapeau, sa canne d'ébène, sa tabatière, et alla voir les carpes.

M. de Longlet de Reminguard était un homme simple et triste, brun d'âme et d'habit. Mais ses mains étaient restées jeunes, aussi les levait-il souvent, soit pour pincer ses narines ou saccager d'un violent effort l'auricule de ses oreilles.

Ces mains, jadis, avaient eu leurs soirs de gloire. Aujourd'hui encore elles flottaient en écharpe et semblaient aux lumières, lancées dans le nuage des tulles, comme le coup d'aile du bonjour. M. de Reminguard était toqué de ses mains.

Les jolies mains, les discrètes, les blanches ! Inactifs désormais, ces doigts de courtise, froissés par la férule de M. Thiers, n'étaient plus occupés qu'au massage du tabac d'Espagne, légères prises qui enveloppaient M. de Reminguard de gestes gracieux, entre autres, la nerveuse pichenette, étoilée d'un rubis de prix, dont il secouait parfois une dentelle absente.

Ce rubis, c'était l'épave de sa fortune, son souvenir, son orgueil. Si la main de M. de Reminguard attestait l'homme de qualité, son costume et ses allures démentaient toute opulence, mais il en souriait, grâce au rubis.

Il vivait de peu.

C'était chaque matin l'invariable bouchée : trois œufs de l'aurore, un flacon de vin, quelque pâtisserie et trois gouttes de Bourbon. Cependant, pour tous les festins du roi, il n'eût voulu vendre sa bague.

Dans les rares salons de Fontainebleau où M. de Reminguard allait promener ses grâces, il ne manquait jamais son effet, jouant, babiolant, fanfignolant des mains, détachant un doigt, puis deux, quatre, en éventail, en cornes, en volutes, d'un jeu léger, souple, comme s'il plaçait des i dans des phrases.

— Ce M. de Reminguard... disaient les dames, il est pauvre, mais quelles mains ! quelle bague !

Il le savait, il était heureux.

*
* *

M. de Reminguard s'en allait au bassin. Il y allait avec lenteur. Il ne parlait à personne, achetait une brioche d'un sou, et lançait les miettes aux poissons.

Autour de lui, des gens venaient rôder. On s'amusait de ses soupirs, de sa tenue, de la détente de son geste. En lui tout était raillé, le pain qu'il brisait en avare, les mystérieux mots qui lui tombaient des lèvres, et l'attention mélancolique de ses yeux gris, comme lavés, dont le regard sautait sur l'eau, avec les miettes.

M. de Reminguard venait tous les jours visiter les carpes. Que cherchait-il ainsi, le cou ployé sur le bassin, durant des heures?

On lui avait conté sur ces carpes des prodiges qui l'émouvaient. Une d'elles, vieille et pesante, écaillée de flammes bleues, vivait en bas, couchée dans les fonds sur un lit de vase. Elle ne montait que rarement à la surface, et des flâneurs (il avait leurs noms sur un calepin) avaient reconnu à son museau la bague de la belle Diane.

— Vent Dieu ! ne la verrai-je donc pas un jour, cette carpe du roi François !

Il lui semblait qu'à fleur d'eau, attirées par sa brioche, les carpes le comprenaient, par le sentiment d'un passé dont elles gardaient la légende au fond des eaux.

Il lançait ses dernières miettes, heureux de montrer ses doigts blancs et longs, et aussi la bague pourpre. Des gens passaient; dans le soir, coulé à son annulaire, le rubis de la Dauphine tremblait comme une étoile.

*
* *

Casimir-Perier mourut.

Alors les partis se levèrent, la duchesse de Berry tenta une fois de plus d'enthousiasmer la Vendée.

M. de Reminguard avait senti son cœur

battre. Une à une il ressaisit ses amitiés dispersées. On lui écrivait ; sur sa main, devenue plus légère, la royale bague lançait de nouveaux feux.

Chouanner? ses reins s'y refusaient. Donner son argent? il ne lui restait qu'un débris d'exil, mille francs de rente. Au milieu de ces incertitudes, un courrier le visita.

C'était un envoyé de la duchesse. Dès les premiers mots, M. de Reminguard sourit.

— Hélas ! dit-il, Son Altesse ignore que je ne puis plus monter à cheval.

— Eh bien ! dit l'ambassadeur, vous laisserez là le cheval. MADAME fait appel au dévouement de ses fidèles pour soulever le pays. Elle accepte d'avance leurs moindres efforts, quels qu'ils soient.

Le vieillard n'avait à offrir que ses espérances.

— Je suis pauvre, je n'ai rien.

Il était assis, les doigts allongés, la tête basse ; il répétait :

— Je ne sais plus me battre, je serai forcé de rester ici, je n'ai plus rien.

Tout à coup, il trembla.

Il venait de voir...

Alors M. de Reminguard se leva, tira la bague de son doigt et dit :

— Je n'avais que ce bijou, je vous le donne. C'est cinq mille francs que Mme la duchesse me rendra lorsqu'elle sera Reine.

La petite Madame ne devint pas reine, et M. de Reminguard ne retrouva jamais son rubis. Le bijou paya les gas.

Trois coups de feu, et la duchesse avait arboré le mouchoir blanc, effrayée de pousser aux fusillades ses chers fidèles. Là-bas, enseveli dans sa petite rue, M. de Reminguard était navré.

Il se sentit cette fois tout à fait pauvre, misérable. Sa fortune, c'était cette bague, gloire de ses mains, leur beauté. Qu'allait-il faire maintenant ?

Par ce froid matin, le jour qu'il apprit sa ruine, M. de Reminguard déjeuna comme d'habitude. Il mit sur sa table ses trois œufs « de l'aurore », un flacon d'An-jou, le dernier, mangea, but, sortit pour la promenade.

L'air était vif. Il mit « des gants », traversa la ville, courbé, plus désolé que jadis, et des gens le reconnurent : Tiens, M. de Reminguard..., qu'est-ce qu'il a de changé? ses gants... il met des gants. Voilà trois mois qu'il n'était sorti. Où va-t-il?

Il s'arrêta devant le bassin ; on ne peut pas rompre en un jour avec ses amies. Mais M. de Reminguard n'avait plus de brioche.

Il resta là une heure, désœuvré, suivant sous les vaguelettes le jeu des carpes. Elles le reconnaissaient, gourmandes, et nageaient vers lui de tous côtés. Il ne bougea pas ses mains.

Ces mains, il ne les montra pas, il ne devait plus les faire voir, elles n'étaient belles que parées de la fameuse bague. Il

Peu à peu ses visites s'espacèrent. Il devint rare. Il semblait ne venir là que pour faire entendre aux carpes qu'il leur disait adieu, qu'elles ne le verraient plus. Et toujours il était ganté.

** ***

Il mourut.

Il mourut de tristesse, un matin, ne croyant ni aux restaurations monarchiques, ni à l'amitié des princes, ni au goût des femmes. Et lorsqu'on démolit sa porte, au bout de trois jours, on aperçut M. de Reminguard qui attendait le vrai royaume, celui du ciel, couché sur son lit, en habit de salon, raide, blanc, grave,

...les mains dans ses poches.

Secondes Noces.

— Pleut-il? Pleuvra-t-il?

Une perle d'eau émut.

— Dieu ! mon turban !

— Ma bronchite!

— Nos robes !

Une bande de pigeons dérangée n'est pas plus prompte à s'enfuir. Dans un ébouriffement d'alençons, un vol de jupes raya la pelouse et vint se poser dans le grand salon, où de gentils cris s'élancèrent :

— Avez-vous vu?

— Merveilles, chuchota Mᵐᵉ de Civray, qui aurait pensé que cette petite...

— L'étonnement m'abat, dit Caraignan dans sa chaise.

Trois indiscrètes, penchées, inspectaient les retraits du parc, renseignaient les autres :

— Ils sont toujours près de la table. Chalindrey a tiré vers lui une grosse feuille de cet arbre d'Algérie ; Mˡˡᵉ d'Ornans, sous cette feuille qui l'abrite, est occupée... A quoi est-elle donc occupée? dites-nous cela, Montlouis, vous qui avez l'autre vitre.

— Je ne vois pas bien. Cependant, Chalindrey a un petit air, un de ces regards ! Mˡˡᵉ d'Ornans, je parie, en est toute précipitée. Il tient le bout de la feuille dans sa main droite et appuie la gauche sur son cœur, l'écervelée l'écoute, mais que mange-t-elle donc?

— C'est une contenance ; nous avions laissé sur cette table des ringlettes, un pot d'ananas et quelques cerises. Devient-il pressant! Voyez ce Chalindrey. Chaud ! mignon, baiser, m... m...

Elles éclatèrent de rire.

— Ils viennent ! cria la grande Caraignan. Hors ! Abandonnez ces croisées, chattes. Villemur, à votre ouvrage, montez cette blonde. Faites-nous la lecture, Ussat, voici les *Quotidiennes*. Recevons-les dans nos grands habits.

On entendit un pas sur le sable ; un instant après la porte s'ouvrit, et Mˡˡᵉ d'Ornans, la bouche pourpre, salua gaminement :

— Bonsoir, douzedames !

— Espiègle ! Monsieur l'orage a-t-il fini de danser ? Quels trémoussements ! Reculez-vous, barbouillis, et battez ces gouttes ailleurs.

— Mais je ne suis point mouillée, j'étais à l'abri. M. de Chalindrey...

La jeune fille embrassa Mᵐᵉ de Mansles, ce baiser aux cerises fit une marque rouge

— Chalindrey s'est essuyé, murmura la baronne en promenant sa joue le long des glaces. Quatre heures.

— Quatre heures ! Nos visites !

Et on s'envola.

Ces nouvelles amours défrayèrent les conversations. Presque toute la « société » s'étonna du désintéressement de M. de Chalindrey qui, possesseur d'une fortune ornée de deux yeux satisfaisants, d'une bouche clairement meublée et de vrais cheveux, paraissait vouloir unir ses millions et ces avantages aux dix mille livres sans charmes de Mˡˡᵉ d'Ornans. On critiqua ce «couvert» : «A Dieu bien ! disaient de riantes vieilles, les petites d'à présent font leurs orges aussi savamment que nos plus hardies polissonnes ! » Dans le monde militaire, chez les Damas Crux, les Saint-Priest, les Coigny, on louait au contraire la jeune fille (le père de Mˡˡᵉ d'Ornans avait servi au Beauffremont-Dragons). « Mais M. de Chalindrey est veuf ! un racorni veuf ! tout nerfs ! Mˡˡᵉ d'Ornans, pure comme un bol de lait, montre de la bravoure en épousant ce ligament, etc. » «C'est la flûte qui va au tambour. Mᵐᵉ de Chalindrey, il se le dit, mourut de mauvais traitements ; notre chérie sera traitée comme la défunte, etc. Aussi quelle témérité de s'embarquer sur un vaisseau dans lequel une première femme fit déjà naufrage, etc... etc...»

Ces propos vinrent défriser les oreilles de M. de Chalindrey qui, un peu naïf, effrayé de déshonorer une jeune fille, s'empressa de faire quelques réflexions sur le mariage : Fallait-il oublier Mˡˡᵉ d'Ornans, ses complaisances, la scène du jardin, sa façon charmante de se compromettre ; ou fallait-il, au contraire, accourir, se jeter à ses pieds, lui demander pardon des bavardages mondains? Il s'échappa de cet effort avec les apparences d'un homme sérieusement amoureux, combina une de ces toilettes tortillées et détortillées, dont on dit que les anges, un paquet d'épingles à la bouche, viennent en corriger les détails ; ainsi fait, il se présenta. Mlle d'Ornans, dès les premiers mots, rougit ; ses yeux bleus devinrent mauves, et l'étonnement la fit délicieuse : « Faisons vie qui dure ! s'enflamma M. de Chalindrey, voici dedans ma main trois cent mille écus de rente inscrits sur le Grand-Livre. » « Serrez, mignonne, cette main si amicale, dit aussitôt Mme de Civray ; quand les paroles sont dites, l'eau bénite est faite. Au contrat ! » À

Ils se marièrent à Sainte Clotilde.

Cette union débuta par un miracle. La beauté de Mme de Chalindrey, un peu pincée de l'oiseau (elle était grêlée), s'épanouit tout à fait. Sur la peau tendue, les creux s'emplirent, il ne resta que deux fossettes à droite et à gauche des narines, où le comte déposait ses baisers du soir en mélodiant à sa femme : « Voici de bien belles joues, b ! mais je ne sais, tant je vous aime, b ! b ! si je ne préférerais point aujourd'hui votre ancien visage, b ! b ! b ! marqué si singulièrement, qu'il semblait que les colombes, b ! b ! b ! b ! amoureuses de votre chair, b ! b ! b ! b ! b ! avaient becqueté votre visage tandis que vous dormiez, b ! b ! b ! b ! b ! b ! »

M. de Chalindrey faisant sa cour.

Ces hommages finissaient au lit.

Au bout de trois mois, M. de Chalindrey, en passe de désœuvrance, exhuma d'une commode le portrait de sa première femme. Un petit nez malin et bossué, des cheveux en flocon, trente dents blanches sortirent de la housse et vinrent amuser le mur du salon. Les époux, d'abord, se moquèrent.

— C'est une figure sans grâce, dit le comte, mais quelle âme !

— Ah !

— Je ne vois de supportable dans ce portrait que la bouche, une fraise ouverte, voyez donc.

— Vous trouvez? dit froidement Mme de Chalindrey.

Petite ombre. Un souvenir, dès lors, se glissa entre eux ; un œil fin regardait Mme de Chalindrey, un sourire se riait d'elle, fixe et irritant. Elle voulut, gênée, faire ôter ce visage ; mais le comte, avec une telle douceur s'y opposa, qu'ils vinrent plus d'une fois encore, les bras à leurs tailles, considérer le fantôme :

— Voyez la jolie frisque ; quelle science du « penché ». Que ces dents que vous admirez m'ont mordu !...

— Cher ami, vous allez aux Pairs à deux heures. Ce visage, dit la comtesse, ne me montre rien de ce que vous y découvrez ; j'en vis de semblables, de ma voiture, dans les ruelles du Petit-Gentilly. Votre portefeuille...

— N'importe, dit le comte, je l'ai aimée pour plus de cinq sous.

Ce mot ne fut pas oublié. Pendant plusieurs semaines, il habita une âme qui, froissée quotidiennement à l'extérieur, se referma peu à peu, retomba dans l'ancien silence et s'y créa des cachettes. Ce mot corroda le cœur et indigna l'esprit de Mme de Chalindrey. L'importun salon qu'elle n'allait plus jamais voir, elle commença, dès ce jour, à le visiter douloureusement. Elle y entrait, regardait l'image, et ce sourire devint son deuil. Mais surexcitée aux lumières, le soir elle vengeait ses larmes ; lentement promené, son ongle, sur les souvenirs de M. de Chalindrey, laissait de visibles traces ; elle ne put retenir, à table, quelques-uns de ces propos vifs qui prenaient leur goût à sa jalousie, et salèrent maintes fois jusqu'à la rancœur les bouchées du comte. S'il parlait de sa première femme, elle l'interrompait gaîment aussitôt :

— Fou à sonnettes ! Plus ! Taisez-vous ! Ch...! Je ne sais pourquoi je ris; cela vient, je crois, de ce que ce museau farfelu repousse la comparaison. Voyez ce nez, ces joues, ils ont certainement du croquant, mais point de lignes.

— Direz-vous cela de ses yeux? protesta le comte, les deux larmes que le ciel pleura sur la révolte des anges brillent sous ces deux paupières. Cet amour de nez en révolution...

— Passe pour le nez, il respire ces canailleries qui plaisent aux hommes, et leurs narines, je le cède, soufflent un feu qui brûla jadis votre esprit, car je n'en vois plus une paille ; mais cette mâchoire qui, décollée du portrait, me ferait le plus commode chauffe-pieds...

— Vous me soulevez !

— Ce cou, cher ami, ces oreilles... et ce sein, vide comme les deux poches du peuple après une de vos séances à la Chambre ; on dirait que cette femme a les mollets sous le menton.

— Après ce trait, dit le comte, il n'y a plus qu'à épousseter. Je vous quitte.

Cet effort avait abattu Mme de Chalindrey. Elle sortit de son lit vieille de cinquante ans, mais avec son cœur de jeune fille. Ces mille impressions dont les heurts, les rencontres journalières forment l'amour par agrégation, s'effacèrent aussi nettement d'elle que ces cyrus de l'azur que le vent emporte. Elle eut l'extérieur fané, mais l'âme fraîche ; elle n'aima plus. Tel un niais qui n'ayant pu faire fortune cède la partie l'amour en quittant son âme lui laissa aux lèvres un sourire dont les pointes se recroquevillèrent, féroces, au débat final, un an après la cérémonie de Sainte-Clotilde. Cette scène d'*adieu* se fit dans la salle à manger, en dînant, tandis que par la porte ouverte, les époux, comme d'habitude, considéraient le pastel.

— Je puis bien vous le dire, chère amie, et vraiment vous ne pouvez être jalouse d'un tel sentiment puisqu'il s'adresse à la mort ; je pense toujours à cette image...

— Moi aussi.

— Et il faut me pardonner si je vous entretiens constamment de cette femme. Je donnerais une dent pour la revoir là... une minute. Je la regrette...

— *Vous la regrettez moins que moi*, dit la comtesse.

*
* *

M. de Chalindrey, un peu lent, s'immobilisa sur ce mot qu'il ne comprit pas tout d'abord, le tourna et le retourna, y vit des abîmes, et regarda sa femme :

— Si je vous pénètre, dit-il, vous ne m'aimez plus?

— Apprenez, bonbon, dit Mme de Chalindrey, que pour vous reprendre aujourd'hui l'amour que vous me dites, il m'eût fallu en avoir au moins « pour plus de cinq sous », et j'ai mes pauvres.

— Madame, balbutia le comte dont les oreilles rouges bougeaient, rappelez-vous, pour effacer ces paroles, la preuve d'affection que vous me donnâtes, chez Mme de Civray, un soir, en demeurant seule, malgré la pluie, auprès de moi. N'était-ce point là de l'amour?

Mme de Chalindrey regarda l'heure, avisa un plat de cerises, puis, y enfonçant avec volupté ses bagues de mariage :

— La nouvelle façon, cher ami, dont vous entendez le français ne vous peut venir que des Pairs. Ce scandale dont vous parlez, auquel je dois mon établissement définitif, les avantages du luxe et certains baisers, ne fut, retenez-le, qu'une imprudence de ma gourmandise, et c'est un péché que je vous supplie de me laisser, il me rappelle ceux que vous m'apprîtes, et que je n'ai plus. Je demeurai seule, malgré la pluie, auprès de vous, simplement pour manger ma part de ces bigarreaux dont, comme vous voyez, je raffole encore (*elle déposait les queues de cerises sur son assiette, le petit doigt en l'air*). Vous vous trouvâtes là pour me dispenser d'une averse qui m'eût gratifiée d'une angine. (Qu'avez-vous?) C'est assez pour la reconnaissance, point assez pour un sentiment qui réclame, et vous en êtes convaincu, de plus héroïques preuves. Le bruit qui en survint m'amena doucement à l'hyménée, votre nom fut un blanchissage. Mais maintenant que me voici brossée, tapée, rincée, toute déciottée de ces calomnies (*elle se leva*), trouvez bon que je vous conseille telle posture, que je vous engage à cette liberté, à cette indifférence infinie, mère des mœurs agréables, sans lesquelles un mariage ne se peut ôter le ridicule ; que chacun retourne à sa chacunière : vous à votre portrait, votre femme à l'éloquence de M. de Réville, dont elle n'entendra que l'*amen*, car il est trois heures, et pardonnez mes longueurs. Enlevez ce plat, Célestin, vous ne servirez plus de ces cerises; monsieur le comte les a trouvées aigres

---

Le Sourire
de M. de Courtenay.

Lorsque M. de Courtenay revint en France, il alla revoir son château.

Il l'avait quitté en 1790 pour suivre les princes, mais vingt-cinq ans d'exil n'avaient point effacé de son cœur le château d'enfance.

— Après avoir longé ce mur, une pente qui va au lavoir me jettera sur une autre route qui traverse le bois Aubry. Là, je me reconnaîtrai.

Il ralentit son allure et n'alla qu'au pas, pour respirer la forêt, l'âme fraîche et verte des anciens arbres :

— Ma jeunesse... Chaque branche me rappelle un jour de ma jeune vie.

Du bout de l'ongle, il trancha une larme.

— Hop ! Céphise, au trot !

Il traversa le bois d'une haleine, rencontra deux maisons, une métairie, une autre, puis une autre, reprit la grande route et regarda au loin, stupéfait.

Il n'y avait plus de parc.

Sur cette plaine qu'animaient jadis de tumultueux feuillages, des champs s'étalaient, monotones. Il arrêta son cheval.

Frappé au cœur, immobile dans le désastre de ses souvenirs, il repeuplait en pensée le parc disparu. Là, il avait aimé. Là, il était allé à son premier rendez-vous. Plus tard, là encore, il avait couru les amourettes : galopades de dames, leur chute près du boulingrin de Chloris, rires de la compagnie lorsque les gens, le lendemain, retrouvaient un talon de bois égaré....

Toute une vie d'amour. Et puis, soudain, le tumulte : les Idées, la Révolution, une furie assaillant ce domaine gracieux, le château cerné, les femmes bourrant leurs valises, le landau nocturne, la fuite, l'armée des Princes, la fidélité, l'exil. Après vingt-cinq ans, que restait-il des jardins? un peu d'herbe.

— Et ma maison?

Car il ne la voyait plus.

Rien ne restait du château, qu'un seul étage. Il entra. Vide et silence. La Révolution avait eu du goût pour ses meubles. L'émigré regarda les murs : plus de portraits.

— Bah ! se dit-il, ma famille était ailleurs que sur ces vaines peintures.

M. de Courtenay examinant les portraits.

La perte du château le pinçait plus vif. Après un coup d'œil aux salles :

— Maintenant que j'ai fait ma religion, allons voir le roi.

Il reprit son cheval et revint tout droit à Paris. Le roi, qui ne refusait rien aux blessures de M. de Courtenay, l'écouta sans rire, sourit sans l'entendre.

— Un orage, dites-vous?

— Oui, sire, un orage qui nous a tous écornés un peu et a démoli mon château, il n'en reste que le bas.

— Nous remettrons une coiffe à votre manoir, monsieur le comte. Mais garez-vous mieux du vent désormais, il souffle chez vous des bigres ; votre endroit m'a l'air exposé.

— C'est tout plaine, sire, comme au *Bocage*, modula Courtenay d'un ton sel et sucre.

Une nuée d'ouvriers couvrit le château. Un mur se leva, puis un deuxième et des sculptures montrèrent aux fenêtres leurs fines dentelles. M. de Courtenay tapa ses vêtements poudrés de moellon, enfourcha Céphise et vint retrouver le roi. Il sortait de la messe.

— Vos meubles, je parie?

— Un effroyable incendie, sire, qui endommagea la France et une partie de l'Europe, a détruit mon mobilier.

— Allons, monsieur, je réparerai ce dommage. Mais après la tempête, après l'incendie, qu'y aura-t-il?

Courtenay savait sa réponse, il la dit bien :

— Le bruit de vos faveurs et le silence de mon dévouement.

Au cours des grandes guerres contre le petit lieutenant d'artillerie, M. de Courtenay s'était conduit avec gentillesse et bravoure, sans se faire valoir ni s'épargner. Il avait reçu neuf blessures, et l'Usurpation lui avait tué sept chevaux entre les bottes. A tant de vertu, le roi fit un cadre.

Le château était à peine terminé qu'on y suspendit les tentures et qu'on y cloua les tapisseries. Le goût royal avait indiqué l'*Histoire de Jason*, en sept pièces; quelques nudités : *Renaud et Armide*, les Éléments, les Saisons. Vinrent les meubles, fanfioles signées Rœntgen, un lit fanfreluché en bois de tilleul, des consoles représentant des pastorales, une horloge pour le grand salon : *Enée sauvant Anchise.* Les largesses du roi passèrent par les caves et ne s'arrêtèrent qu'aux écuries. Alors M. de Courtenay fit le tour du maître.

— Sire, murmurait-il en traversant les salons, s'il m'advint, durant le temps que je combattis à l'armée des Princes pour le rétablissement de Votre Majesté sur le trône, d'ambitionner d'Elle une récompense, je puis aujourd'hui...

Il avait ainsi des phrases toutes faites, courtisanes, longues et spiralées. Une idée l'arrêta soudain et coupa tout net son monologue.

C'était dans le grand salon. A la vue des murailles désertes, il réfléchit.

— Que manque-t-il là?

M. de Courtenay songeait enfin à sa famille.

— Oui, dit-il, les chers portraits. Que sont-ils devenus? Ils courent le monde... Ne suis-je pas coupable?

Et Céphise l'amena encore à Paris.

Au bout d'une semaine de recherches, M. de Courtenay entra dans une boutique, rue Maubuée, y désigna un lot de vieilles toiles et mit à part quelques portraits.

— Ces visages graves, ces airs arrangés, pensa-t-il, me feront une famille superbe. Comptons : un prince de Jérusalem, trois connétables, deux maréchaux de France (il mettait les portraits de côté) ; et celui-ci dont je n'aurai point de peine à changer le costume, deviendra colonel de Royal-Vaisseaux. Voici monsieur mon père, je finirai par croire qu'il lui ressemble ! et voici la chanoinesse ma mère. C'est parfait. Combien?

On porta ces huit siècles de gloire à son logement.

Rue Pierre-au-Lard, il avisa d'autres vieilleries :

— Le cardinal ! J'ai trouvé la branche de Vézins ! Hugues, sire de Pontacle, aïeul maternel des Courtenay. Entrons.

Il découvrit là tous les personnages qu'il se proposait de convertir en Vézins : celui-ci ferait un Despote de Morée, comte de Jaffa ; celui-là passerait pour Amaury, châtelain royal d'Angoulême ; plus trois lots de ducs et de comtes et une dame du Mont-Carmel en grand habit. Cette religieuse lui donna des remords, car il avait oublié les femmes.

— L'affaire est délicate, pensa Courtenay ; cependant, avec du toucher...

Pendant trois jours, il fureta dans les rues Montorgueil, aux Ours, de la Verrerie, et y dénicha huit dames :

— J'ai dans ma famille trois renommées polissonnes. En ont-elles fait ! Trésors. Voyons parmi ces frimousses.

Il classa les toiles :

— Je baptiserai celle-ci comtesse de Préfailles. Voyez-moi ces lèvres ! Un baiser a peint cela.

Devant un autre portrait, pastel de déesse dont un rire fendait la belle peau blonde :

— J'y retrouve la marquise de Tallard qui commit une indiscrétion, la jolité ! avec une espèce de valet de ferme. Elle s'appelait Elise... Frappant ! On y goûterait.

Allant de l'une à l'autre .

— Ce teint enflammé, c'est toute la jeune femme du Commandeur de Vézins, qui buvait au lit. A côté d'elle, cette petite que j'appellerai Mme de Belcourt. Te rappelles-tu, Courtenay, la petite Belcourt, ta tante, qui se mit nue, un soir, dans le bassin des Suisses? Acheté.

Le comte, lentement, passa devant les dames :

— Elles sont, ma foi, plus ressemblantes que la vie. Leurs anciens portraits étaient des mensonges ; qu'ils courent ! (Il battait du pied en cadence d'un air satisfait.) Car enfin, qu'est-ce, un portrait de femme? Imposture souvent. Ces fripettes de petites gueuses, au lieu de poser, font poser l'artiste, toute mijaurée s'y fait peindre en ange. Au moins, là, elles vivent.

Dans la rue des Ecouffes, le lendemain, il enleva cinq portraits de vénérables personnes.

— Vous deviendrez mes grand'tantes, dit-il en les mettant en voiture. Quel sort ! douairières, vous passez de la boutique au château.

Fier de ses peintures, M. de Courtenay réintégra ses salons.

Quelques retouches savantes : un tortil, des ordres, une broderie çà et là, et tous ces portraits affirmèrent l'honneur de leurs charges et l'aristocratie des Courtenay. Ainsi, au milieu de sa race qu'il avait su retrouver, le sceptique vécut dans ce domaine, qui semblait fait exprès pour les délices d'un gentilhomme amoureux de bien-être, occupé de roses et de tulipes et surtout gourmand de bons vins, en hiver les pieds sur les chenets, en été le fusil au bras. Et après une chasse, si quelque invité l'interrogeait devant les peintures, M. de Courtenay, pinçant son cigare par le bout mouillé, enveloppait d'un geste arrondi ses Connétables de la rue aux Ours :

— Heu, mes aïeux.

Et son sourire valait tout le domaine.

Le Testament.

La malade se réveillait.

Un faible soupir vint à ses lèvres. Son regard profond visita la chambre et se coula de côté, vers quelqu'un d'assis qui rêvait.

— Pauvre ami.

M. de Saffrenages leva le front.

— Comment? vous êtes éveillée !

Il la regarda avec épouvante.

Madame de Saffrenages agonisait à trente ans, plus belle que jamais, étendue sans force entre deux bonheurs qui s'apprêtaient à la fuir, une fortune immense et un amour partagé. Les chuchotements d'une invisible bouche l'avertissaient du départ : la mort a ses signaux ; une porte au fond de la chambre s'était ouverte sans bruit ; on l'avait fermée,

d'elle-même elle s'était rouverte ; pour qui donc? Mme de Saffrenages, superstitieuse, blottie en de glaciales malines, interrogeait tout, les mille choses délicates, gaies, usagères de sa vie heureuse, les étoffes et les joujoux, les miroirs, les meubles, les amourettes des tapis, les nudités du plafond, certaines boîtes émaillées, un paravent, de bleuissantes porcelaines, le perchoir d'Amphion, le sapajou ; et tout cela lui disait sa fin, jusqu'aux yeux du comte où se mourait insensiblement son image.

— C'est donc fini, mignon cœur, vous m'allez perdre et je vais partir?

— Non, dit assez nettement M. de Saffrenages, vous n'êtes qu'affaiblie ; ne parlez point sur ce ton, et ne songez qu'à d'aimables choses ; votre mal est semblable au brin d'air vif de l'an dernier, pas plus, qui vous surprit aux environs de Compiègne, près de la Verberie, vous en souvenez-vous?

— Il faisait un vent ! Vous étiez bien beau.

— Vous un délice ! et je vous vois telle aujourd'hui. Vous toussâtes un peu, le soir, d'une façon de rhume d'ange, mais la bonne partie en tout ! (Il se rapprocha.) M. de Luxembourg dont le fusil éclata aux mains, quelle décontenance ! vous offrit un faisan que Sa Majesté venait de tirer ; ce sont là de beaux jours, ils renaîtront.

— Point, hélas !

— Que dites-vous?

Il essaya de sourire, y parvint. M. de Saffrenages avait été brave, mais jamais comme en cet instant : ce sourire fut une action d'éclat.

— Mais si ! Et vous n'êtes qu'au repos, voilà tout. Quels nuages ! Le médecin va vous mettre au point, car il doit venir tout à l'heure. Prenez de droites idées ; si vous aviez vu, comme votre cher vôtre, cela vingt fois, le dernier de vos jours de vie, la langueur qui vous accable sans cause me tourmenterait un peu l'âme ; mais vous êtes comme vos tantes : tout amincissement est maladie, et la tristesse

M. de Saffrenages brûle le testament.

mon ami, de vos extrêmes et persistantes bontés. Vous avez parlé de fortune... imprudent ! vous ne possédez rien. Malgré les avertissements de ma famille qui ne manquerait pas de vous dépouiller, j'ai paré à tout ; si je meurs, voici une lettre qui vous équipe, c'est un testament que j'eus la force d'écrire pour notre amour.

M. de Saffrenages avala une pastille qui dut faire dans son estomac les ravages d'un plomb fondu. Il prit les cheveux de sa femme, et y amusa ses mains tremblantes.

— Qu'ai-je besoin de fortune quand vous vivez? Hurluberluette, c'est bien de vous !

Elle lui mit un doigt sur la bouche.

— Câlin de chevau-léger, qui ne m'apporta que son uniforme, son cœur, sa gloire, et deux éperons, quelle figure, dites, promenez-vous dans le monde après mon départ? Suivez : vous aurez l'hôtel que voici, mon château du Sap sur Garonne et ses dépendances, trois métairies de frais rapport, celles de Châteaulin et de Nantes...

La blonde tête roula sur l'oreiller, M. de Saffrenages la reçut dans ses doigts.

— Je n'accepte rien ; plus un mot ! Ce sont arrangements indignes !

L'agonisante chuchotait : .

— ...qui vous constitueront cinquante mille écus de rente. Vos mouvements me fatiguent, cessez, cinquante mille écus, plus...

Son regard toucha un coffret.

— ...plus mes perles, mes diamants, et le solitaire du prince de Condé.

— Miette !

— Ainsi vous pourrez éviter la boue.

M. de Saffrenages lui baisa le front.

— Là, dit-elle, là... dans ce coffre, ces choses sont écrites.

— Reposez, je vous en conjure ! Bat-

annonce la mort. Coquille perlée, voyez mes yeux, suivez-y l'amour que j'ai pour vous, et n'agonisez point de vos craintes. Seule la vieillesse nous peut un jour séparer sans nous désunir ; mais vous serez alors attaquée, prenez garde, car je serai sourd, brèche-dents, et porté à la froide humeur (le comte sourit tout à fait). Vous rayonnerez, vous, de grâces plus belles, et des illusions qu'offre à la beauté une fortune qui...

Mme de Saffrenages, renversée, l'interrompit sur ce mot.

— Quittez ce ton, il me fait haïr les approches d'une mort dont je me réserve de donner un exemple digne à la fois de votre courage et de vos extrêmes, oui

tement de cœur ! Beauté vivante, taisez-vous !

— Mon testament...

— Vos baisers !

— Le testament... le testament, soupirait-elle, le testament qui vous enrichit... là...

On annonça le médecin.

Comme il allait au-devant de lui, M. de Saffrenages, très pâle, barra la porte de son corps :

— Ne l'effrayez point. Faites vite ! Allez, voyez et revenez. Vous me direz tout.

Le visiteur s'inclina.

M. de Saffrenages fit trois pas dans le salon, se regarda dans une glace.

Peu fait aux chagrins, il avait maigri, vieilli.

« Ceci, dit-il, n'est point du premier galant ; quelles mines, mon ami, apportes-tu à la comtesse ! les malades ont besoin de récréations ; vois ces cheveux d'Amérique, révoltés, qui t'ensauvageonnent... (il prit un peigne), ces dents jaunes qui ont l'air d'avoir mâché des injures... (il saisit une brosse) Et ces ongles? Quelles suspectes poignées de mains les purent mettre en ce noir état? » Mais comme il se regardait encore, collé à la glace, mouchoir, peigne, brosse et canif lui glissèrent des mains. « Quelles ruines ! murmura le comte, sont-ce là, madame, les traits chéris que vous baisiez? » Interrogeant ses rides, il compara les fatigues de ses batailles et les chagrins de son exil aux ravages que lui causait le mal de sa femme, et reconnut l'ardeur de son amour. Il n'avait plus de visage, sa tête si gracieuse naguère, endurcie d'angles, semblait avoir insulté Dieu. Terrifié, il se détacha de sa propre image, et se mit à marcher dans le salon, en attendant le médecin.

— Monsieur...

Le petit homme noir était là.

— ... Vous m'avez prié?

— Ah ! cria le comte, eh bien? Quoi ! Parlez !

— Vous m'avez prié de tout vous dire...

— Oui ! Parlez ! Vite ! Mais parlez donc !

— Ce n'est plus qu'une affaire d'heures, ce soir, peut-être. La malade s'en va, doucement.

— Vous n'avez rien fait paraître?

— Non.

— C'est bien, laissez-moi.

La figure de M. de Saffrenages s'était crispée ; les yeux renfoncèrent leurs larmes et la bouche essaya de sourire, y parvint. Ce jeu que la glace renvoyait eut la durée d'un instant, puis le comte se raidit, donna le tour à ses manches, poussa la porte et courut au lit :

— Que vous avais-je conté, brin ! Riez ! Je viens de voir le sauveur, vous n'êtes point malade ! Du tout !

Empourprée, la poitrinaire se souleva.

— Mon ami !

Ce sursaut de réveil, le bond de cette vie qui s'élançait faillit tuer le comte.

— Oui, trésor, mille fois oui ! Vous n'avez rien !

Preste, gai, refaisant un pli aux dentelles, il cherchait une explication.

— Une défaillance de l'estomac, les femmes ont de ces fumées, des piqueries à la gorge, un peu de pâleur et de paresse, le séjour au lit, que sais-je... Vous serez sur vos grands talons dans deux jours, au promenoir de Saint-Cloud dans huit, au bal des Gontaut dans quinze !

— Ah ! rêve, quelle joie vous me faites ! Je renais, je revis pour vous, il me semble que je pourrais me lever... Oh ! tenez, déjà...

— Imprudente ! cria le comte

Il y eut tant de terreur dans ce cri que l'agonisante retomba.

— Vous faites en vain du sublime, mais je porterai ce mensonge à Dieu, — mes sels... — il vous vaudra le paradis. Es-tu beau ! Que je vous aime ainsi, mon pauvre officier. Venez, je voudrais vous presser... Vos lèvres, plus près, je meurs...

— Tourment ! se lamentait le comte

voyez mes yeux ! entendez ma voix ! ne sentez-vous pas que la vie revient? Ah ! vous me faites saigner le cœur ; que faut-il vous dire? je ne sais plus...

Il se frappa le front tout à coup.

— Eh bien si ! si ! Levez-vous, comme cela, bien, soyez sage. Vous allez être sûre, cette fois que vous n'êtes point malade, et qu'il vous faut dès à présent songer à votre avenir. Ce testament...

Il le retira du coffret, suspendit cette fortune au-dessus de la flamme des bougies, et se mit à rire. Un silence effrayé pénétra la chambre ; la pendule elle-même ne compta plus....

Et debout, scandant ses mots d'une cuiller d'or :

— Puisque vous me savez, madame, attaché à de misérables joies, aux vains plaisirs de la fortune, bienfaits desquels, pendant le temps que j'eus l'honneur de servir Sa Majesté aux armées, le destin m'écarta toujours ; puisque je ne puis à présent me passer, de par mon accoutumance au mariage, d'une table servie à souhait, d'une livrée nombreuse, d'ornements galants, de voitures molles, et de quelque argent pour le whist, considérez qu'il me faut être bien sûr de votre vie, et des générosités dont votre convalescence ne me comblera que trop, pour que je brûle ici, à vos yeux, et sans nul émoi, ce papier...

La flamme mordit le testament ; le paradis erra dans les yeux du comte.

— Ah ! dit la malade éblouie, vivre... Je comprends, je renais ..

Le papier s'enflamma.

— Il me semble que je bois les longues années... Vivre !... vivre !...

Une cendre tomba des ongles de M. de Saffrenages.

— Chère toute, il faut croire les *égoïstes* ; vous êtes mon amour, vous êtes aussi ma dignité. Que ferais-je si vous mouriez? une triste représentation. La queue du diable n'est à tirer que pour des mains de vingt ans. Vous serez bien belle à ce bal...

— Dieu ! dit Mme de Saffrenages, moi qui croyais mourir, et voici qu'on me parle de danser !

— Quelle robe mettrez-vous? la mauve aux pendants d'hyacinthes, ou la blanche ornée de ce cygne?

— Mais, chat, vous oubliez donc que c'est un costumé, dit Mme de Saffrenages devenue rose de joie ; je reprendrai celle de satin marly, qui vous plaît tant, jaloux !

— Vous mettrez de la poudre?

— Un rien, ça...

La tête de Mme de Saffrenages se coucha mollement.

— Après, dit le comte, nous irons à Venise...

— A Venise.

— L'année prochaine.

— L'année prochaine, chuchota Mme de Saffrenages, nous ferons...

Comme elle se taisait, il se pencha. Souriante, cette femme heureuse était morte sur un espoir.

****

Un peu crotté par les funérailles, M. de Saffrenages, deux jours après, vint se revoir à la petite glace : « Belle tête de militaire, dit-il, je suis affreux. Allons, lieutenant, fais ta malle. »

Agenouillé, il y jeta trois chemises, un uniforme, ses lettres, la robe marly volée aux héritiers, une enveloppe pleine de cheveux blonds, sa cravache, la croix de Saint-Michel et une paire d'éperons.

Quand ce fut fini, M. de Saffrenages descendit le grand escalier, lieutenant de chevau-légers comme devant. Les hommes de cette trempe sont forts, surtout lorsqu'ils sont blessés. Personne, dans l'hôtel, n'ignorait le coup qui le frappait, mais ceux les premiers qui nous font sentir les inconséquences du sort, les valets, rangés respectueusement, le saluèrent.

Divin Mensonge.

— Un rubicon, monsieur de Provence?

— Grâces, monsieur du Ronceret.

Les deux vieillards s'assirent. Le soleil d'une journée d'août mordillait le store de la *Rotonde*. Le chevalier battit le jeu, et tira de sa poche une tabatière d'ivoire.

— Pour décrotter les idées.

M. Bonnaud du Ronceret prit un scrupule de tabac, la valeur d'un dé de poupée, l'étala, l'écrasa du bout de son index, et d'un seul trait huma la prise, les épaules tremblantes, comme la volaille secoue le grain dans sa gorge avant de l'avaler.

— Deux heures après le midi. A qui à faire?

— Tirons.

— J'ai un roi, et vous un neuf.

— Nous jouons en quatre coups, je donne.

Dans la fraîcheur du petit café, les coudes sur la table, mains hautes, les yeux dans le jeu, ils entreprirent une de ces parties qui duraient cinq heures d'horloge. Les palombes du Palais-Royal se croisaient sous les arbres. Des bruits menus traversaient d'un bout à l'autre ce jardin, aimable comme le mail d'une préfecture : la pluie du haut jet d'eau, le piaillement des bébés, les coups de canne d'un passant, là-bas, sous les arcades, et sur les pelouses des batailles d'oiseaux pour une mie de pain.

— Cinq cartes au point, dit M. de Provence. Quinte majeure, vingt. Je joue vingt-un.

— C'est mal joué, je garde la fourchette en cœur.

Lorsque la dernière partie fut terminée, les vieillards, goutte à goutte, happèrent le fond de leur mazagran, et M. de Provence tira de sa poche un carnet :

— Nous comptons...

— Faites.

— J'ai 108 et vous 90. Vous êtes rubiconné.

— Parfaitement.

— 370 points pour moi. A cinquante centimes le point... c'est donc 185 francs que vous me devez. Faites-moi la politesse de les inscrire vous-même.

Ces choses-là se disaient chaque soir, d'une voix grave, un peu indifférente. V'lan! deux ou trois barres sous des additions. Ils reniflaient ensuite la prise d'adieu.

Le café s'émerveillait.

M. de Provence était un de ces viveurs abusifs qui marchent à la mort, étayés par leurs propres ruines. Le bonhomme n'avait plus de parents (le dernier, un cousin issu de germain, était mort en 1812, officier de la Légion d'honneur et maître des requêtes). En 1820, M. de Provence logeait dans la rue de Valois, séduit par sa douce atmosphère qui semblait y traîner des moisissures de province. Dans ses promenades au Palais-Royal, il avait fait connaissance d'un passant dont les oisillons adoraient les gaufrettes. M. Bonneau, âgé de soixante-six ans, plut à l'aristocrate.

Cependant le chevalier, que sa méfiance d'ablégat tenait à quatre toises des gens nouveaux, s'informa du système d'existence de son compagnon: Autour du chef d'usine, ce fut un long réseau d'informations policières d'où M. Bonneau se dégagea honnête homme. Ce matin-là, M. de Provence l'aborda sous les tilleuls, à gauche de la *Rotonde*.

— La prise de l'apéritif, *cher* monsieur de Bonneau.

Le vieillard s'étonna :

— Tiens, vous n'avez plus la même tabatière?

Le chevalier sourit.

— C'est une histoire : j'ai changé ce bijou contre une bagatelle, un éventail de vieux point que M. le duc de la Feuillade, mon père, tenait de la Dauphine. Une merveille ! la virole se terminait à gauche par une émeraude, à droite par un œil de chat.

— Mais alors, cet échange vous coûte...

— Dix-huit cents écus, à peu près..

Les deux vieillards marchaient sous

les arbres. M. de Provence prit sa tabatière entre le pouce et l'index, et frappa le couvercle de l'autre main. Une plaque d'émail se souleva et découvrit une admirable figure de jeune femme, au visage de l'autre siècle, aux yeux tendres, au doux ovale pâli.

— Hein ! qu'en pensez-vous ?

— Parfaite !

— Quel chou !

— Un rêve !

Le chevalier saisit le bras de M. Bonneau :

— Ce *bijou* de femme demeure dans un petit hôtel que

Cette femme charmante est la marquise d'Egly.

je lui ai acheté l'an dernier, au coin de l'ancien Petit-Cours.

C'est, d'ailleurs, une économie réalisée sur mon train. J'ai licencié mon cocher, qui ne me servait plus, et j'ai offert à ma maîtresse un brin d'homme rasé au fil dès cinq heures du matin, propret comme une faïence bourgeoise, et qui mène mes cabriolets et mes culs-de-singe comme Éole conduit les vents. Il y a aussi le portier, un puceron de groom, deux cuisiniers, une lingère et la camériste, enfin tout le petit tapage nécessaire aux jolies personnes. Je suis aimé, cher monsieur de Bonneau...

M. Bonneau salua.

— J'ai eu de cette femme un fils que j'ai confié aux jésuites d'Amiens. Jacques

a treize ans aujourd'hui. Cette éducation m'absorbe.

Le chevalier murmura :

— Le vicomte sera beau comme sa mère.

— En effet, dit le vieil usinier, remontrez-moi son portrait, cette femme est charmante.

— C'est la marquise d'Egly, mais n'en soufflez mot ; j'en suis coiffé comme un papillon. Ce ménage indiscret m'a déjà coûté 800 000 francs depuis 1807, et nous sommes en 21. Tenez, hier encore, j'ai payé une facture de 30 000 francs pour mes neveux de Bourgogne.

— Mâtins !

— Et ce n'est point tout.

— Quoi donc ?

— Ce *rêve* de marquise a étourdiment acheté quelques services « bleu de Sèvres ». Il faudra donner 90 000 francs. Total : 120 000 francs, plus les frais. M. de Lauzun (le chevalier souleva son chapeau) M. de Lauzun, de féminine mémoire, m'enverrait ses compliments. La famille et l'amour me tuent.

Les deux vieillards se revirent le lendemain et les jours suivants. Après les premiers saluts, M. Bonneau s'informait de la santé du *petit bijou*. Ce manège de politesses dura huit ans. Ces trois mille jours, ils les donnèrent à leurs matinales flâneries, au whist et aux échecs, au bésigue et au rubicon. Leur existence fossile s'émiettait sans orage entre le *fou, l'as de pique* et la *fourchette en cœur*. Quelques habitués béats, les mêmes toujours, assistaient à leurs disputes, car ils étaient pris parfois de subites colères. Alors ils se lançaient un regard net, froidement investigateur. Tant d'argent ! Penser qu'à chaque défaillance, les points s'additionnaient par vertigineuses dizaines. Très souvent, M. Bonneau *du Ronceret* (que le chevalier avait anobli sans prévenir personne) voulait jeter ses cartes à la face de son adversaire, mais un demi-regard l'arrêtait, voilé par deux paupières de soie. « Très cher, disait l'œil, cela se fait-il? » M. Bonneau rabattait

le jeu avec un soupir de gorge, puis il dépliait le carnet, et sous la date marquée, d'une grasse écriture de gérant : « *Doit à monsieur le chevalier, telle somme.* » Une fois le mazagran bu, jusqu'au dé d'alcool, et la prise de tabac voluptueusement expédiée au fond du cerveau, les pertes colossales de ces jeux n'entamaient point leur gaieté polie. Au moment du bonsoir, immobiles devant le seuil de la *Rotonde* : « A la prochaine ! » semblait avouer le perdant. Et le gagnant semblait dire : « *Elle* sera si heureuse d'avoir ce bibelot ; trente écus, babiole ! courons le lui acheter. »

Ils allaient au même café depuis huit ans. Les garçons avaient vieilli. Le temps avait argenté les frisures de la patronne. Le *chou-chou* avait « pris de l'embonpoint » Le vicomte était « lieutenant aux chas

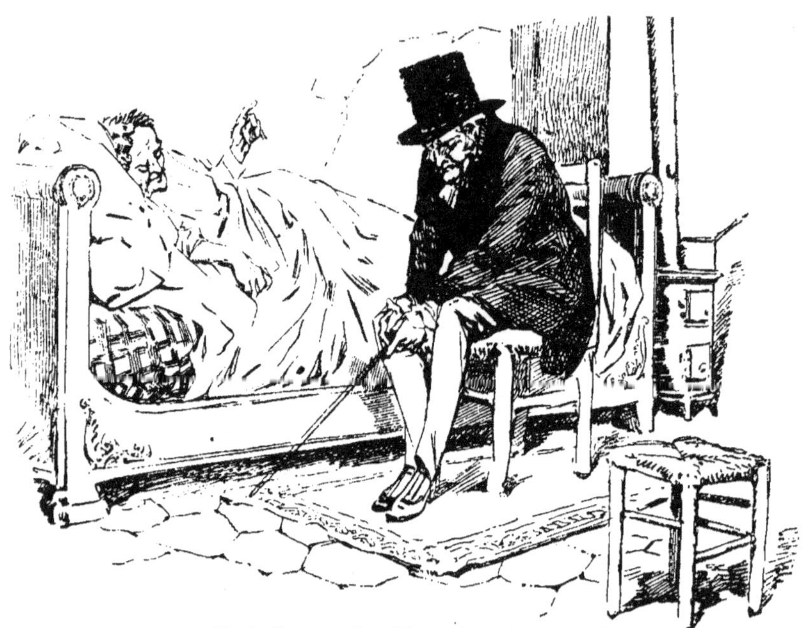

M. de Provence installé au chevet du mourant.

seurs ». M. Bonneau, toujours facile aux histoires, écoutait sans broncher ce radotage paternel.

Cette existence, exacte comme les opérations d'un livre de caisse, avait établi entre ces deux hommes une géologique parenté. Ils ne faisaient qu'un avec les murailles blanches aux sveltes rinceaux d'or effacé, avec les poutrelles et les mouches, les piles de cuillers vermeilles et les fleurs d'étoffes du comptoir. Les garçons disaient : « M. le Chevalier demande son mazagran, et M. du Ronceret, *item.* » Le patron les saluait comme de vieux parents. Depuis 1820, leur coin favori, leurs cartes, leurs paniers d'« ivoires », tout était marqué, tout semblait dire leurs manies, porter le cachet de leurs habitudes, jusqu'à leurs chaises même, dont à la longue, leurs coccyx avaient dépenaillé le crin. Ils symbolisaient l'aimable grâce, l'amour du bien-vivre, l'enjouement, le tapage et la galanterie du siècle défunt, — ils étaient la gloire de la *Rotonde*.

Un jour, M. de Provence salua son ami d'une poignée de main navrée.

— Mon cher, le mobilier de mes appartements du Petit-Cours est sur le point d'être saisi. Un lord s'est adressé au propriétaire pour en prendre possession. Ces gueux d'huissiers ! Nous allons essayer la forte partie, hein ?

— Je vous joue le mobilier aux échecs.

— C'est quarante mille francs, dit le chevalier.

— Soit.

Ils s'installèrent.

Alors commença un de ces formidables matches qui terrifiaient les habitués de la Rotonde.

— A la reine !

M. de Provence posa le pion pour défendre la reine, et M. Bonneau demeura perplexe, décidé à gagner les quarante mille francs.

Le chevalier, nonchalant au jeu, lançait des chiquenaudes à travers les grains de sucre épars sur la table.

— Figurez-vous, mon cher du Ronceret, que je viens d'acheter un délicieux bonheur-du-jour au *chérubin*. Nous prenons le 29 juillet aujourd'hui, c'est l'anniversaire de la naissance du vicomte, et le lieutenant vient d'être décoré, à l'occasion de l'avènement au ministère de cet affreux Polignac. Si vous laissez là votre fou, je vous le prends.

M. Bonneau plaça le fou sur une autre case, avec un soupir.

La partie devint haletante.

Quarante mille francs !

Mais M. de Provence en avait vu de plus raides. Le bonheur-du-jour, seul, coûtait six cents louis.

— Donnez-moi la reine.

A la tombée du soir, la partie fut à bout. Deux cris retentirent :

— Echec et mat ! J'ai gagné !

M. Bonneau se leva péniblement. Il était devenu pâle.

— Heureux au jeu : malheureux....

Le chevalier eut un sourire.

— Ce *reton* de marquise m'a prouvé ce matin qu'elle m'adorait.

Ils s'en retournèrent.

M. de Provence soutenait son ami, le consolait de façon discrète, sans allusion aux quarante mille francs. Lorsqu'il fut arrivé devant sa porte, M. Bonneau tomba dans les bras du chevalier. On le transporta dans une chambre, au sixième étage d'un immeuble de la rue de Valois. Le médecin lui donna deux heures à vivre.

Épouvanté, M. de Provence s'installa au chevet du mourant.

— Mon ami, chuchota M. Bonneau, vous êtes ici dans un de mes nombreux « pied-à-terre », une cage pour les oiseaux à vil prix. Mais ch... je sens que je m'en vais. Je vous fais mille excuses pour cette dette qui va rester en suspens. J'institue votre fils, monsieur le vicomte, mon légataire universel. J'ai dix-huit cents hectares de bois de hêtre au fond du Jura, trois fermes en Normandie, un château en Anjou et ma garçonnière des boulevards.

Réalisez cette fortune, évaluée par mon notaire à treize cent mille francs. Prenez pour vous les quatre-vingt-quatorze mille livres perdues au jeu depuis que nous nous connaissons, et laissez le reste au lieutenant. Qu'en dira-t-il ?

— Jacques sera ravi, conclut M. de Provence qui essuya une larme froide.

— Et le chou-chou de marquise?

— Aux anges, dit le chevalier qui cette fois sanglota.

Après l'enterrement, très humble, suivant l'expresse volonté du moribond, le chevalier réintégra son *cinquième*. Il prit une feuille de papier, une plume, et fit le mémoire de ses dépenses :

OCTOBRE (dernier mois)

Loyer de ma chambre............. Fr. 15 »
Diners à la pension................. 78 20
A ma concierge.................... 3 »

ALENTOURS

Trente mazagrans à la Rotonde........ 18 »
Pour faire boire les garçons.......... 1 50
Pastilles .... » 50
Tabac .... 2 »
Coups de fer au chapeau, repassage de trois chemises, deux cravates, vernis pour mes souliers, nettoyage de mes gants .... 5 »
Trente petits pains de cinq centimes pour mes déjeuners 1 50

Il fit le total, qui s'élevait à cent vingt-quatre francs soixante-dix centimes.

— Il reste quelque chose... murmura-t-il.

Tout à coup, le chevalier se frappa le front. Et c'est avec un joli geste qu'il écrivit, malgré son chagrin .

— Six sous, *à mes pauvres*.

M. de Provence additionna de nouveau, signa sous les cent vingt-cinq francs, prépara deux cordes, ouvrit sa tabatière, et s'étant bourré les narines, se pendit.

Ainsi moururent, dénués de tout, ces deux vieillards. Les millions perdus, les fermes, le château en Anjou, les notes d'orfèvre, les bibelots précieux, le vicomte et jusqu'au *sapajou* de marquise, mensonge, illusion.

Ils avaient *inventé* la richesse et *créé* l'amour.

Frais-du-Jour.

Veuve, trente ans, pas un instant de plus, appareillée d'un nez à croquer, d'une bouffonne bouche aux dents scintillantes, de cheveux d'or et d'yeux noirs, agréable, emportée, chimérique et pratique, toute trépidante de furies ou papillonnante de grâces, Mme d'Hautefeuil faisait la joie et le tourment de sa société de quinzaine.

Coin d'irréductibles, suprêmement dédaigneux, qui censuraient le roi, l'époque, les mœurs, les institutions, et surtout les « concessions » de Charles X aux exigences populaires. Aucun de ces mécontents n'eût voulu se voir dans n'importe quelle antichambre ; ils consentaient bien à donner un doigt à M. de Peyronnet, mais dans la rue ; à interpeller M. Séghier, mais dans un salon ; cependant, comme tous avaient à demander, soit des bénéfices, soit des places, Mme d'Hautefeuil s'offrit à les aider.

— Chers à mon cœur, j'irai pour vous, j'adore fouiner. Il me reste un lot de relations en cour, et ces mitefrites des ministères se feront une joie de m'obliger, plusieurs durent autrefois aux bontés de M. d'Hautefeuil — vous avez connu ce baille-bourse ! — ce sera, en vous comblant, le meilleur moyen de me rendre.

— Frais-du-Jour, vous iriez...

— En pretintailles ! Avancez, mais soyez clairets, j'ai la braque et la traque dans la cervelle, il me faut les points, les virgules, et un repos d'une nuit entre chaque affaire. Qui commencera, mignons ? A vous, Estissel, je suis à l'affût.

M. d'Estissel demandait pour son neveu une lieutenance vacante aux Gardes-du-Corps. Dès le lendemain, Frais-du-Jour partit, s'envola. Deux semaines se passèrent, et la nomination fut déposée sur la table, entre les deux plis d'une serviette en bazin des Indes. Estissel qui venait dîner s'émerveilla.

— Divine à peindre ! est-ce possible ?

— Et vous, Montelux ? Visitez vos poches, il y a bien, je pense, quelque demande ?

— Oui, dit la comtesse de Montelux, le curé de Linay qui vient au château tricher à mon whist, sollicite l'autorisation de faire construire une chapelle annexe. Je crois que M. de Villèle...

— Juste, lulu, vous touchez au bon Villèle, vous le savez, eut à se louer d'Hautefeuil, mais paie-t-on les morts ? Mon mari adorait les blondes, usez donc ; vivant, il vous ferait lui-même cette galanterie, ainsi l'hommage vous tombera du ciel, c'est à prendre.

Ce ton, ce rire en l'air, ces blanches mains sans cesse tendues qui sollicitaient les demandes, eurent le plus grand succès dans un monde qui voulait tout avoir, et tout garder. Mme de Montelux eut son autorisation pour l'abbé, d'autres encore furent satisfaits. Ces merveilles coururent, Frais-du-Jour passa pour une fée à qui l'ancien amour d'Hautefeuil donnait des ailes. On se remit à parler de lui, on thuriféra sur cette âme qui se perpétuait par delà la tombe en bienfaits désintéressés ; M. d'Hautefeuil qui, mort, employait sa femme à de telles œuvres, eut ses chapelles, un culte, des admiratrices, et l'encens masculin voltigea dès lors sous le petit nez de Frais-de-Jour qui, jamais

assise, bonne sans épuisement, parcourait salons et bureaux, la cour, la rue, les ministères, soutenait mille correspondances, agitait les fils d'une représentation de soubrettes qui brouillaient sa vie de sautillements : ainsi M. de Valbonne fut protégé aux élections de

M. de Villèle se confondant en salutations.

novembre, Mme d'Olaincourt gagna le procès Olaincourt-Baudry, le marquis de Bois-Candé se vit inscrire sur la feuille des bénéfices, les demoiselles des Loges eurent un bureau de tabac, M. de la Lande, réconcilié, embrassa La Rochefoucauld, et le capitaine de Monstrelet partit en mission. Essoufflée, fripée, rouge, hors d'elle, après chaque triomphe, Frais-du-Jour tombait dans sa chaise.

— Les peu ! ils me feront mourir

j'en suis ensalaudie et meurtrie, je n'ai plus de souffle.

Les servantes s'empressaient.

— Aussi, pourquoi madame est-elle si bonne? A sa place...

— Taisez-vous, brigandes! Otez ce turban, cette robe qui me pèsent! Dieu, mes festons! Il faudra recoudre ces loques. Feuilletées, que faites-vous? Ici, paresseuses! Aubette! Nice! défaites ce corset, couchez-moi! Si je cours, c'est pour mes fidèles, ne se doit-on pas à ses cœurs?

On l'emportait toute palpitante, chaude et grasse comme une perdrix, au lit, sous la lumière douce des lampes; et là, posée sur un coude, entourée de fraîches filles aux bonnets anciens à picot, elle contait ses ruses du jour.

— Voici la façon dont j'en usai ce matin contre ce Séghier, le porc au mou qui répondit à Villèle : « La Cour rend des arrêts, non des services. » Eh bien, il ne m'a point parlé de cette voix-là! J'ai enlevé ma nomination de substitut, pch, comme je retourne cette main. Ce la Landelle sera-t-il fier! Et Séghier faisait une mine, si vous l'aviez vu, angelettes! Ce libéral est bien heureux d'être inamovible. Mon chocolat! Enfin, je case tant bien que mal mes gens, à cric ou à croc, n'importe, mais à Dieu mes fautes, les saintes s'y reconnaîtront.

— Et votre ami Maillé? dit une servante.

— Le duc de Maillé, pigeonnes, ne se peut entreprendre qu'au couvert de M. de Villèle, il est avec Fitz-James de l'opposition, et Sa Majesté finira par s'y laisser prendre. En attendant, elle joue au billard, et ce bon Villèle gouverne, il m'en faut servir au plus tôt pour les fins de notre cher évêque. C'est celui-là qui vous est au cœur, barbotines!

— Madame sait que nous l'aimons bien.

— Vous avez raison; ce tour, ces gestes quand il nous bénit... Disparaissez, jacassières! je me fonds de sommeil; quelles tapettes de sacré chien! Taisez-vous!

Ainsi, devant les servantes, chaque soir

elle revoyait ses affaires. Ces filles virevoltaient autour d'elle, tapotaient, bordaient son lit, la faisaient rire, boire, l'assoupissaient de leurs glissements; et ce chiffonnage de pensée allait bien à sa courte tête, juste assez creuse pour y recevoir ce grain de bonté quotidien qui germait la nuit, fleurissait au jour.

Elle souriait, le lendemain, en allant voir le ministre, dont les antichambres s'emplissaient de solliciteurs. Frais-du-Jour portait une imprécise toilette, lilas ou gris lin; y avait-il plus de gris que de lilas, plus de lilas que de lin? C'était quelque chose d'imaginé qui choyait l'œil sans le fixer, une robe chimérique, poudre qui s'envole, un rêve; puis des bas à coins, le soulier à la boucle de Tombacke, d'exquises mitaines de fin fil; au-dessus de tout cela, sur ce frétillement, la plus délicieuse tête à pointes et à facettes. Elle n'attendit pas A la voir, les plafonds de l'hôtel s'émurent, les parquets frémirent, la lourde porte du ministre s'ouvrit amoureusement d'elle-même.

— Cet empressement marque tous les respects dit quelqu'un.

— Notre chère Hautefeuil a mérité ces triomphes.

— On s'interrogerait vainement pour se découvrir quelque jalousie, soupira une dame, quand on songe à la dignité, à l'incontestable noblesse que donne à ce commerce de sollicitations le souvenir d'un mari aimé. Puis, quelle vie simple...

— Aucun apprêt.

— Quel dédain de plaire! Point de ces toilettes créées qui jettent si bien le voile les confusions d'une méchante cause; vous l'avez vue tout à l'heure...

— C'est un modèle.

— Un ange.

L'ange sortit au bout d'une heure, accompagnée de M. de Villèle qui se confondait en salutations. Le ministre, ému, montrait un visage changé. La porte se referma, et Mᵐᵉ d'Hautefeuil traversa le nombreux salon.

— Bonjour, joujou ! cria-t-elle soudain.

Elle descendit au bras du vieillard.

— Comment, ici ! Vous ne pataugez donc plus dans vos étangs de Sologne ?

— Ah ! dit le comte de Logerolles, c'est que j'ai une affaire ! une déplorable affaire.

Elle s'arrêtait à chaque marche, le dévisageait.

— Quelle affaire ? Parlez, bibi.

— Il n'y a que le ministre, M. de Villèle...

— Nous sommes au mieux-mieux, amis comme bourbons.

— Oh ! je l'ai bien vu, c'est pour cela que je voudrais...

— Je comprends. Venez ce soir, vous me conterez tout, on arrangera vos triquebilles.

— Non, je désire parler moi-même... merci. Je voudrais seulement vous demander...

— Demander quoi ? Seigneur ! mon mouchoir que j'ai perdu ! C'est ce gâte-tout de Villèle ! Agneau, parlez donc.

— Oui, de quelle manière on doit aborder ce ministre, entendez, je vous prie, comment lui plaire. J'arrive de province et manque du courant. Est-ce par la politique ? Quels ennemis lui sait-on que je puisse crosser ? Quels amis, de même, à porter aux nues ?

Frais-du-Jour souriait.

— Enfin, dit le vieillard, vous, son amie, *comment vous y prenez-vous ?*

A ce mot...

...à ce malheureux mot, Mme d'Hautefeuil qui retenait sa bouche, arracha ses doigts et donna le vol au plus joyeux, au plus fou, au plus éclatant des éclats de rire ! Ce fut dans le vestibule, comme un lâcher d'alouettes : froufroutantes et narquoises, elles s'envolèrent dans les escaliers, dans les corridors, les chambres, étourdirent un instant l'hôtel, et durent s'en aller tomber jusqu'au bureau du ministre, comme pour le prendre à témoin.

— Ah ! ah ! ah ! oh ! oh ! ah ! ah ! ah !

La bouche ouverte, rose comme un creux de bonbon, elle riait, riait, riait éperdument.

— Cessez... oh ! oh ! oh ! oh ! oh ! oh ! oh ! Quittez ce ton...

Elle essuya ses larmes.

— ...ou à force de rire... vous me feriez rejoindre Hautefeuil en purgatoire. Ici, amour de Solognot !

Pour la première fois depuis deux ans, Frais-du-Jour voulut être sincère. Elle regarda le vieillard, posée sur une marche, comme un oiseau.

— Je ne puis vous avouer ce que je fais avec les ministres, mais voici (appréciez, pandour, si vous êtes d'humeur à soutenir un pareil assaut), voici droitement comme je commence...

Et elle tendit le bec.

— Ah ! saisit le comte, je n'ai pas de goût à l'exemple, vous aviez raison, ces lèvres à piper les grâces babilleront mieux que moi, j'en userai, et puisque vous m'offrez le dessus de ce gâteau, veuillez me faire l'honneur de vous pencher jusqu'à moi, j'ai des rhumatismes.

Il essaya de tendre une jambe, d'arrondir un coude, y parvint. Puis, le chapeau sous le bras, sans autres témoins, dans ce vestibule, que deux fins Amours sculptés aux rampes dont les yeux roués se faisaient signe, il prit un doigt de Frais-du-Jour et baisa, tremblotant un peu, la plus aimable bouche de France.

La Carte.

Au frais, au chaud, sans bruit, devant les tables de jeu, la fenêtre ouverte aux curiosités des lilas, Mme d'Ussone recevait le jeudi son « amicaille. »

Jeudis galants. Il y était de bon ton que les pointes fissent un peu d'ordure, comme l'oiseau quand il vole. « La langue française, disaient-ils, est aujourd'hui citoyenne. » Et il entrait dans ce salon,

Mme de Treilhes portait comme jarretière deux bandes de moire.

un peu gênées d'être si parfaitement accueillies, de grosses phrases qui sentaient la cotte et la crotte ; on riait d'elles, puis on congédiait ces servantes ; c'était très joli.

Trois dames avaient leur fauteuil au cercle de la maison : Mme de Treilhes, beauté clopinante et vive, qui semblait en marchant danser l' « ancienne badine », la comtesse Ulrick de Vimont, Mlle Aimée, fille d'un major fusillé à Rennes et adoptée par un M. Figus ; plus deux monstricos d'hommes.

Ces deux soupirants avaient coutume de demeurer, après dix heures, sur la terrasse, et l'un des deux, servi par plus de vivacité, s'octroya l'honneur de quitter la place à minuit. Les dames qui habituellement dormaient chez Mme d'Ussonne, ne le congédiaient qu'au dernier souffler

des lanternes ; on le badinait jusqu'à la rue, il était précieux, cajolé, bijé, meurtri de pinçures, enfin soigné à gras comme une passion.

Cette vie s'entrecoupait du whist au piquet, de la comète au trictrac, jusqu'au billard. Indécis entre ces trois femmes, M. d'Urbin ne savait à laquelle offrir son émotion et sa fortune.

Elles valaient mieux que la peine ; toutes avaient un esprit paré, de jolies dents, le rire cru, la mise mignonne. Mme de Treilhes portait comme jarretières, très haut, disait-on, deux bandes doubles de moire où sa cameriste glissait, découpées dans les gazettes, les « interruptions » d'un député de la Droite. La blonde Ussonne collectionnait des gravures, gravelures pendues aux murailles d'une chambre tendue de soie cerise pour qu'on ne vit rougir personne. Mme Ulrick de Vimont prenait des lavements au miel, le miroir au nez, pour se faire un teint, souriait aux brocards, et barbela elle-même, plus d'une fois, les flèches qu'on décochait au « joufflu ». Mlle Aimée errait de-ci de-là, montrant un souple et long buste, une gorge d'autant plus tentante qu'elle était voilée, bandée, cadenassée d'agrafes, et que les yeux s'y désespéraient. Chacune avait sa manie : l'une son député-jarretière, l'autre ses gravures, la troisième ses lavements, et la quatrième sa gorge ; plaisantes beautés, heureux amoureux.

Et il fallait voir ces mines, ces demi-soupirs, ces penchements autour du vieux d'Urbin ! On eût dit qu'elles le voulaient toutes damner ; c'était l'enfer par l'envie :

— Fixez vos numéros, chat, vous éternuerez tout à l'heure.

— J'ai joué d'un guignon !

— Est-ce la jarretière de Treilhes qui

vous fait muser sur le tapis ? Je perds ! J'ai perdu la « possibilité. »

Mme de Vimont se dépitait, une goutte de citron acidula son visage, on la plaisanta.

— Jolie qui ne veut point perdre ! Voyez votre visage, Ulrick, il faudra doubler le lavement.

— Moi, rit Aimée, comme disait le major mon père, je me rattrape sur la tape, il ne faut point désespérer des réserves. Je gagne, et cependant à la dernière partie, j'avais douze tableaux, ils n'ont pas marqué quatre fois. Eh bien, monsieur le vieux, que fait ce doigt ? A d'autres !

Ou bien, elles faisaient de la tapisserie à point carré, à petit point qui montait leurs gestes sur grâce, assises comme des reines et tirant le fil comme des anges.

Il les aimait. On peut aimer quatre femmes et les cultiver ; c'étaient quatre fleurs dans un verre qu'il arrosait de politesses : il y avait une tubéreuse, une jonquille, un camélia, il y avait aussi une rose, la fille du major, Mlle Aimée.

Pour ces quatre femmes tranquilles, M. d'Urbin était l'adorateur-type. Les femmes savent gré à leurs amants de leur expérience en amour, mais encore plus de ne point user vis-à-vis d'elles de réminiscences galantes, qui ne sont que des fac-similé d'anciennes amours. On s'étonne de l'inclination de certaines jeunes femmes intelligentes pour les goutteux ; il méritait leurs faveurs à toutes : n'était-ce pas un hommage que l'ingénuité si peu feinte de ce vieux docteur de Cythère, que cette science qui restait à plat ?

Il adorait Mlle Aimée de toutes les bêtises qu'il avait souffertes, de tous les soupirs qu'il avait ri, et tremblait maintenant au seul effleur d'une main blanche, molle, ouatée, véritable aigrette de duvet de cygne, onglée de rubis, qui lui chatouillait le nez tandis qu'une voix lançait :

— Monsieur de l'Asthme, je vous adore, vous êtes mon fait !

Agaceries ; le glorieux corsage montait, les seins s'enflaient, il les voulait prendre, se faisait gourmer.

— Laissez cette gorge !

— Une gorge ? dites vos colombes.

— Dudubinbin !

— Colombes qu'Amour apprivoiserait...

— Voyez-vous cela ! Ah ! le fricassé !

plus un mot.

Urbin se lamentait. Cette taille, charme de la beauté assise, la plénitude de deux épaules supposées blondes sous leurs voiles, cette gorge dont on ne voyait qu'un orgueilleux col, rond, dur, que veluaient de petits cheveux fous, cette poitrine secrète ennuagée de linons, mais si impatiente, ces seins exaspérés en avant, ce rosier de femme qui portait ces deux fleurs immenses l'empêchaient à la fois de vivre et de mourir. Il en perdit le boire, et l'on sait quels Anjous divins glorifiaient l'encas des Grâces ; il en dédaigna le manger ; une gélinotte de nonce, un soir de rêverie, passa indifféremment de sa fourchette au gosier du singe ; quant au dormir, il en effilait silencieusement les heures sous la flamme de ses candélabres, allant et venant les yeux ouverts, fixes, en semant ses dentelles de niaises larmes enfantines et de soupirs chérubinés.

— Ah çà ! dit un jour Mme d'Ussonne, vous nous avez l'air tout pongos.

— Moi, balbutia d'Urbin, je suis à mon habitude.

— Ayez honte, cria Ulrick, vous êtes amoureux !

— Pourquoi pas. Vous voulez dire que je suis trop laid pour être aimé. Mais l'amour est le seul honneur qui ne se mérite pas.

— Fanfiole à ravir !

— On ne s'attendait pas à voir tourner votre moulin ; le chiendent de tout, voyez, c'est de choisir qui de nous quatre...

— Je vous demande pardon, je sais.

Treilhes se leva :

— Voyez-vous ! il est au mieux-mieux, mesdames, avec le quart de nos avantages ! Votre poche... Voici votre mouchoir, jetez-le.

M. d'Urbin, dont s'avivait la pâleur, tenta de répondre.

— Oh ! dit Mlle Aimée, pourquoi ce mouchoir? M. d'Urbin *ne se mouche plus*.

M. de Dieupentale et la soubrette.

Les mèches des bougies, à ce mot, se ratatinèrent, leur flamme se tordit, crispée ; une pudique ombre, un instant, flotta sur les images, les amoureux saxes ; et tout devint rose, les soies, les bois et les figures, sauf d'Urbin si blanc qu'il parut poudré.

— Ma fille, dit Mᵐᵉ d'Ussonno à la servante, le chocolat, les ringlettes.

Et on se mit au jeu en silence.

Ce serait trop donner à M. d'Urbin que de lui supposer les philosophies d'un âge qu'il ne voyait point venir, et l'esprit de retrait si nécessaire aux vieillards dans leur dernier commerce amoureux ; il ne pensa point que le mot de cette femme un peu trop empapillonnée, vive mais si bonne, était une pointe d'après boire, et qu'une perle d'Anjou avait grisé la langue de son amie ; il voulut se venger, publiquement, à la cour ; il le fit, et vraiment ce fut détestable :

Il choisit un entr'acte, pendant une représentation aux Tuileries, pour s'approcher de la preste enfant qui causait aux premières avec des dames « présentées » Il était en uniforme de pair, et glissait de l'une à l'autre en faisant jouer son épée laissant choir dans les gazes, les cheveux, les tulles, au vif de la chair, quelques-uns de ces propos lestes que la main des révolutions n'a su que froisser sans en pouvoir saisir l'aile. La cour, muette, regardait errer ce vieil homme armé du fascinant miroir d'un esprit poli et dangereux qui donnait aux âmes des crispations invisibles. Il arriva, comme distrait, devant Mlle Aimée, couva ce corsage qui avait ému son égoïsme, et retint un cri d'étonnement... Ce qu'il y vit (car le prier du roi imposait le décolletage) lui fit oublier le mot qu'il avait aux lèvres, et en amena d'autres, féroces. En apercevant cette poitrine, sincère par obligation, ses doigts, d'une indifférence morne, ouvrirent un portefeuille, y puisèrent une carte, la glissèrent adroitement le long de deux seins, entre deux mensonges plutôt, deux blanches impostures « soutenables » uniquement par l'effronterie d'amples étoffes ; et tandis que, soulevée de rage, Mlle Aimée lui demandait raison du manège, il répondit assez haut, vrillant une pirouette qui sema un long parfum d'ambre :

— Je suis accoutumé, madame, de déposer ma carte aux endroits où je ne trouve personne.

Le rideau ne put se lever qu'un quart d'heure après.

Le Marquis aux Servantes.

M. de Dieupentale fut marié par son père à dix-huit ans.

Il épousa une demoiselle de la Comté, nièce d'une des Dames d'honneur de la Reine. On retira l'héritière des *Pénitentes de Dieu*, et les deux enfants furent jetés dans les bras l'un de l'autre. Ils ne s'aimèrent jamais.

L'an d'avant son mariage, été de 1778, M. de Dieupentale avait joué son rôle aux fermeries de Sa Majesté, à Trianon.

Il se présentait en costume de garçon de ferme, de la paille blonde dans les sabots, et offrait le lait pur aux dames. Quand la mode fut passée, en habit d'argent, bas de soie lilas, tricorne, épée à badine, il offrit des roses dans les soupers. C'était vivre.

Mlle de la Comté, qui apportait une fortune, introduisit dans le ménage une austérité farouche. Chapitrée par son directeur, elle enveloppa sa chair de toiles rudes, et son trop gentil mari d'une surveillance de recors. Un pas dans la rue, des fantômes se détachaient de l'ombre et suivaient M. de Dieupentale. Cette vie dura deux ans.

A la fin, le marquis se lassa, s'installa dans sa chambre comme pour un long voyage, se fit porter des livres, quelques parfums, d'excellent tabac, et dit adieu aux plaisirs. Deux, trois, quatre ans passèrent. Un jour, une soubrette fut trouvée dans son lit. Elle avait le nez de travers, les cheveux fripés. Alors, Mme de Dieupentale congédia ses gens, et les remplaça par des vieillards.

Depuis ce moment, M. de Dieupentale fut triste. Sa maison était un tombeau, et il désespérait d'en sortir, lorsque tout à coup la Révolution arriva. Tumulte ! On chargea les chaises de poste, et en route, messieurs de Versailles ! A revoir, disaient-ils. Adieu... devaient-ils penser. La dernière tête tombée, un petit sous-lieutenant posa sa main sur la France, et vingt ans s'écoulèrent dans un grand bruit. L'exilé se trouvait à Oxford quand on annonça Waterloo.

Il revint au faubourg, traînant avec ses malles son Érinnye. Sans révolte, il subit sa femme jusqu'en 1816, quatrième jour d'octobre, où elle se mit au lit, agonisante. Dressé à son chevet, le marquis lui dit :

— Madame, faites vos prières à Dieu, car le Diable, sans doute, a des droits sur vous.

Elle le regarda comme aux bons jours, avec rage :

— Monsieur, nous avons joué tous deux. Vous étiez séduisant, j'étais riche. Mon enjeu était le plus fort ; *j'avais les atouts*, j'ai gagné.

Elle mourut en balbutiant un compte de lingère, et M. de Dieupentale se retrouva seul dans la vie.

*
**

Il acheta une maison en Gascogne et y porta sa mauvaise humeur et son dégoût.

Le déjeuner du marquis.

Il n'avait gardé qu'une vieille servante.

Un jour, cette vieille ouvrit la porte. Quelqu'un frappait, dans la rue.

— C'est vous qui venez vous louer?

— Vous avez demandé une aide pour M. le marquis...

— Oh! pas si haut, il ne le sait pas! Entrez. Je vas chercher Monsieur. Un temps; je cours, je reviens. Arrangez vos cheveux, soyez gentille, et répondez-lui en montrant vos dents, c'est ça!

Le marquis de Dieupentale touchait à la soixantaine. Il était grand, mince, noir:

— C'est là cette fille?

— Oui, monsieur.

Il y eut un silence.

— Elle est trop jeune.

— Ça fait de bon travail, ces doigts blancs.

— Elle est trop belle; qu'on m'en cherche une autre.

Alors la vieille protesta:

— Pour un coup, monsieur, laissez-vous faire. Si vous croyez que c'est gai, cette vie! Toujours des vieux à votre table. Avec cette fille, c'est le soleil qu'entre chez vous.

— Un « étranger », chuchota le marquis. Allons, pour voir...

Il regarda la jeune fille.

Elle était toute rose, en jupe à raies de carmin et corsage blanc. Fine dans l'ombre, elle ressemblait à une branche de printemps.

— Vous ferez ma cuisine, dit le marquis, je vous prends à l'essai. Comment vous appelez-vous?

— Annette.

Dès le soir, une vie nouvelle commença, d'abord silencieuse; puis une voix se mit à jaser dans la cuisine, et au bout de quelques jours, comme un oiseau qui prend de l'aile, à toute heure et de tous les coins de la maison, un petit bonnet voltigea.

— Calmez l'enfant, disait le marquis.
— Un peu de joie, v'là le remède, répondait la vieille.

Autour de cette maison morte sommeillait un parc foisonnant de tilleuls et d'ormes où luisaient à la lune d'ovales miroirs d'eau. Les nuits y étaient d'une fraîcheur sauvage ; après le dîner, sous les rossignols, le vieillard, maintes fois, y venait fumer son havane.

Depuis l'entrée de la dernière servante, il lui semblait qu'un jour blond s'était glissé, comme à travers des fentes, sur sa vie...

Un jour, la vieille demanda :
— Monsieur veut-il, maintenant ?
— Ah ! tu y reviens, devina le marquis, tu te trouves donc si mal, chez moi ?
— Monsieur peut-il ! Jamais on ne trouverait un si bon maître. Mais me voilà vieille, je ne tiens plus, un soufflet de moustique me fait virer. Si je ne pars qu'aujourd'hui, que monsieur ne m'en veuille pas, la crainte de le voir mal servi me coupait la révérence.
— Et tu crois que désormais, avec cette petite...
— Une perle ! C'est ce qu'il faut à vos yeux, du joli.
— En effet, je crois... Mais qui te remplacera... une vieille ?
— Une jeune, comme l'autre.
— Ah !... fit le marquis.
Et il respira fortement :
— Fais-la venir.

Parut alors un grillon vif. En entrant, charmante, elle salua. Sous les paupières ses yeux se mirent à rire, on eût dit deux mûres dans leurs feuilles.
— Hein ! fit la vieille.
— Savez-vous la cuisine, mon enfant ?
— Oui, monsieur le marquis.
— Eh bien ! vous remplacerez votre compagne ; allez.
Une fois seuls :
— Alors, l'autre... qu'en ferez-vous ?
Le vieillard sourit. C'était la première fois.

— La blonde fera ma chambre, à l'aurore, et la brune tripotera le charbon.
— C'est comme vous voudrez, dit la vieille qui ne comprit pas.
Elle partit le lendemain matin.
— Essuyez vos doigts, dit le vieillard à la première bonne, vous êtes mon valet de chambre.
Et à la seconde :
— Comment vous appelez-vous ?
— Tine.
— Joli nom. Écoutez-moi toutes deux. Je vous donne soixante francs par mois et quatre toilettes par an. Faites votre travail, et n'ayez cure. Vous irez à la messe le dimanche, car j'ai de la religion. Allez, mes filles, et soyez heureuses.
Elles s'effacèrent dans un glissement, et le fil des jours continua, prestement renoué.
Le nœud avait une bouffette.

A partir de ce moment, M. de Dieupentale prit des habitudes. Sa vie gisante se souleva.
Il ouvrit les fenêtres de sa maison, l'air entra. Il mit une culotte neuve, soigna les teintes de ses gilets.
Un jour, tombèrent les housses du clavecin, et une note d'espoir s'envola dans les arbres. Cette bouffée, ces coquetteries, ce refrain, c'étaient les concessions de sa tristesse.
— Vous pouvez chanter, dit-il aux servantes, j'ai réfléchi.

Dès lors, leurs voix retentirent. L'abeille blonde chantait en haut, le grillon chantait en bas. Parfois, elles se croisaient, un bout de chanson aux lèvres, et se le volaient en passant. L'une chantait l'air de l'autre, et longtemps après, dans le fond des chambres, leurs éclats de rire se mouraient, voilés, comme deux oiseaux gazouilleurs. Le marquis se frottait les mains :
— J'ai trouvé ça, moi, l'éternelle jeunesse. Ah ! le beau cadre à la vie...
Un jour il les appela :
— Petites !
Elles arrivèrent en sautant.

— Asseyez-vous.

Il les regardait :

— Fillettes, je vous veux du bien. Voici qu'à cause de vous, mon ancienne douleur s'en va. Ma vie remonte, je ne me sens plus vieillir. Votre grâce m'enrichit, je vous paie deux aides.

Les filles battirent des mains.

— Nous serons quatre !

— Trouvez-les comme je les aime, j'y gagnerai encore.

Elles arrivèrent le soir, suivies de leurs amies, deux belles dont l'une brune, l'autre blonde. Elles s'appelaient Kate et Clélie, elles parurent à la porte, émues et gracieuses, un brin de rire aux dents.

— Les miniatures ! s'écria le marquis.

Alors une grande joie emplit la maison.

Ces quatre filles avaient des beautés accouplées qui allaient des roses de l'aurore aux ombres de la douce nuit.

Tresses brunes, chignons clairs. Leurs caractères différaient, mais quelle gaieté !

La plus ancienne venait de Paris ; elle eût mangé des verdiers au jus de perles sans dire merci. Son rêve était de coucher dans une chambre perse.

La deuxième, bête et belle comme Junon, faisait tout le jour tinter ses cuivres ; à midi, un nuage de cuisine l'enveloppait, sa taille mince y ondoyait, comme une vision dans la fumée.

La troisième, gourmande, se faisait parfois piper au péché ; le marquis, alors, lui pinçait le menton, et pourpre, avec un rire, elle ouvrait sa bouche vermeille emplie de bonbons volés aux drageoirs.

La quatrième, aux yeux pers, chantait une vieille chanson : « Rien... père Cyprien, ne vous retient ! » Elle soignait les fleurs et la basse-cour. Son plaisir était d'embrasser ses poules, en faisant avec ses lèvres de petits pets sur les plumes. C'était la préférée.

De la cave à la girouette, ces lutines allaient et venaient, sautaient de chambre en chambre, un peu de gorge découverte, jolies, avec leurs robes retroussées, leurs bras nus. La maison reluisait de ses mille lames de parquet cirées, frottées, lissées, caressées. Chaque soir, la table se couvrait de mets délicats comme des mousselines. Le bonhomme mangeait de tout ; l'appétit des jeunes ans lui était revenu ; même il lui poussa, au nœud de la serviette, un second menton.

— Vous serez deux à me servir, dit-il, les deux blondes à mon déjeuner, quand les fenêtres sont ouvertes, au gai soleil, — les deux brunes pour mon dîner, à la nuit, sous les lampes.

Il en fut ainsi.

A midi, les deux blondes l'entouraient, l'une à droite, l'autre à gauche, et de la pantoufle au peigne, coquettement vêtues, tranchaient son pain, coupaient ses viandes, emplissaient de vin d'or son gobelet vermeil.

Le soir, — c'était la nuit dans le jardin — les deux brunes remplaçaient les blondes. A la flamme des lampes, leurs yeux scintillaient comme des perles noires. Dans les rossignolades qui tombaient des branches, des bouffettes de rubans sombres aux poignets, elles avançaient les confitures et lui versaient le vin bleu.

Harmonie de l'âme, joies du regard.

Cette existence, pleine de plaisirs fins, durait depuis deux années. Le marquis ne sortait jamais, se levait de bon matin, lisait la *Gazette de France* et allait priser au milieu des roses, dans les allées de son parc. Là, lui arrivaient des bruits charmants : le heurt des casseroles, des cris de filles, un bout de refrain. A dix heures, il entrait dans une salle, aspergeait ses doigts de gouttes d'eau et, prenant un petit vaporisateur bleu, purifiait son haleine d'une buée d'iris qui flattait les jeunes servantes. Elles devinaient son parfum, son pas égoïste et grave, sa façon de faire hum ! hum ! les tapes de sa canne sur la pointe de son soulier, ses impatiences, et sitôt que fraîche et claire, au bout de l'avenue, sa silhouette apparaissait sur le treillis de la grille, elles volaient vers lui, étince-

lantes, comme des abeilles sur un raisin :
— Votre chapeau, monsieur le marquis !
— Cette main sur mon bras !
— Vous soufflez !
— Une rose blanche à votre habit !
— On vous pare.
— Voyez l'effet !

Dans l'après-midi, c'étaient diverses lectures : « *L'Art d'orner l'esprit en l'amusant, ou nouveau choix de traits vifs, saillants et légers.* » « *La Religion*, poème, par Racine fils. » « *La collection des meilleurs ouvrages français, composés par des Dames*, t. IX » — un roman de la grande époque : « *La vanité combattue par la fille forte*, ou la vie pénitente de Sœur Jacquette, par le P. Casimir de Tolose, capucin. »
— Voilà de beaux livres, disait le marquis à ses servantes.
Après quoi, il jouait.
Elles avaient l'ordre d'être bien vêtues à trois heures, et délivrées de tout travail. Chaque jour, il leur offrait une mise, le jeu était à un sou le point. Les cris du marquis s'envolaient au lustre : — Cœur ! C'est à moi ! La contrescarpe est attaquée ! Atout ! Sonnez pour le roy !
Les filles, habituées, suivaient ses colères, S'égosillant à propos d'une carte, elles avaient l'air d'oiseaux jouant leurs grains de chènevis.

Après le dîner, il se levait, passait au salon plein de lumières, et invitait les filles « à la musique ». En vêtements plus légers, aux teintes adoucies, après s'être soigné les ongles, elles s'installaient sur des chaises fines. Alors le bonhomme feuilletait sa mémoire et leur jouait les airs gais du siècle mort, les gavottes Vestris, les menuets où bouffaient encore de cérémonieuses révérences, des pavanes et des pas français, un chuchotement dont l'aile de papillon secouait sa poudre, un instant, sur leurs jolies têtes. Tout à coup, dix heures ! On entendait un bruit de robes, l'écho final du clavecin. Les filles, debout, éteignaient le lustre ;

et M. le marquis allait « prendre du repos ».

*
* *

Cette vie dura cinq ans.
Les servantes, heureuses, devenaient grasses, plus jolies encore. Affinées par le vieillard, elles comprenaient merveilleusement ses manies.
Un jour de l'année 1820, le 13 avril, un matin, M. de Dieupentale trouva quatre bouquets dans sa chambre. Il n'avait pas pensé à sa fête. Tous les ans, cette surprise l'attendait.
— Tine ! Nette ! Kate ! Clélie !

Elles vinrent en courant, les deux blondes en cotillons bleus, les deux brunes en jupes roses, et toutes chiffonnées de plaisir, montrèrent à la porte leurs nez effrontés.

— Ici, z'oiseaux, dit le vieillard.
Une salutation pour chacune ; galant, il les embrassa.
— A mon tour, je veux vous faire un cadeau.
Elles rirent. On eût dit quatre merles qui s'envolaient de leurs nids.

— Vous m'avez consolé de l'existence, leur dit le vieillard. Jamais, à vivre au milieu de quatre femmes jolies, une pensée mauvaise n'a gâté mon plaisir. Cette tentation eût flétri le sentiment que vous dégagez. Je vous aime également toutes, comme on chérit tout ce qui est jeune et chantant.
Après un silence, il leur fit cette question :
— Vous marierez-vous un jour ?
Au fond, aucune ne tenait à changer de vie. Elles plaisantèrent :
— Les hommes sont des foireux !
— Ils morvent dans leur soupe !
— Pour un mot de travers, ils vous graphignent les joues !
— Ils emberlucoquent leurs femmes !

Elles avaient pris ses mots drôles, et sans savoir, parlaient comme lui, en dames du grand siècle. Il eut un cri de bonheur :

— Je n'ai plus que quelques jours à vivre ; restez avec moi, et je vous ferai mes héritières !

Deux, trop émues, s'assirent tout à coup. Aux yeux de la troisième brillèrent deux grains d'argent. La dernière prit le menton du bonhomme et le lui baisa. Les fenêtres étaient ouvertes toutes grandes ; il faisait soleil. Vives, les quatre filles s'élancèrent. Resté seul dans le salon, M. de Dieupentale se tourna vers le portrait de la marquise :

— Vous aviez autrefois, ma femme, tous les *atouts ;* aujourd'hui...

Une seconde, il écouta l'enthousiasme des servantes, au fond du jardin, une course de chèvres sur les graviers envolés.

Le fil de son sourire s'enleva, malin, jusqu'à la pointe des oreilles, et songeant à la vie gracieuse qu'il s'était faite, il murmura :

— Jours oubliés, madame, — à *moi la vole* !

L'Image.

Un doigt discret poussa la porte ; sans bruit, un singulier personnage entra dans le salon et s'avança vers la baronne.

Il avait un habit « terre de Balkan » où flottait son dos maigre. Sa chemise, radieusement blanche, à quatre poignets plissés à petits plis ronds en travers, semblait exhumée d'une de ces vieilles commodes enfleurées de Lubin, profondes comme des berlines, et sa cravate de gros de Naples, nouée sans doute par un « tigre », s'envolait de son menton comme les deux ailes d'un oiseau.

Il fit quelques courbettes maladroites qui n'étonnèrent personne, et un peu titubant, salua chacun de travers. Mais comme il passait devant le beau d'Ancézune qui, depuis son entrée, le suivait du regard, il s'arrêta tout d'un coup, et le marquis eût un choc.

— Monsieur, dit le visiteur, je vois ce qui vous préoccupe... mes yeux...

Le marquis salua.

— Je vous assure, monsieur, dit le vieillard, que malgré l'étrangeté de mes yeux, *je ne suis pas aveugle.*

Il approcha si près sa tête qu'ils eussent pu l'un et l'autre compter leurs cils.

— Et cependant, voyez que rien ne m'échappe : je vois. Je vois que vous êtes jeune, curieux ; je vois fort bien votre chaise, et vous prie galamment de me faire l'honnêteté de vous y asseoir.

Il se tint debout, et le marquis s'appuya. Les invités erraient.

— Mon cher monsieur, commença le bonhomme, vous êtes bien le cinquantième des amis de Mme de Charost en qui, dès le premier regard, j'ai déterminé cette paralysante stupeur. Vous serez aussi le cinquantième auquel j'aurai fait mes confidences. Voyons, termina-t-il à bout portant, qu'est-ce qui *manque* à ma tête?

Le marquis se rejeta en arrière comme si on eût projeté sur lui un cadavre, et cette idée faisait naître un horrible doute. Il y avait dans cette tête quelque chose de mort, d'irrémissiblement mort. Mais quoi?

L'attention d'Ancézune avait erré sur cette figure sans s'arrêter sur aucune ligne. Le vieillard était rasé. Ses joues roses brillaient comme des pommes de pigeonnet, canalisées de petits filets sanguins. Malgré lui, le jeune homme retourna directement aux yeux, dont l'expression lui parut insupportable. Ils étaient gris, peu hauts, mais très allongés, en forme de poissons, comme les yeux des Chinois. Ils avaient dû être jolis, mais une brume grise les voilait comme d'une taie de décalque ; pour vaincre l'angoisse qui lui serrait le cou, Ancézune songea qu'une peine, peut-être, en pleurant par ces deux yeux, les avait vidés.

— Ce qui vous manque, fit-il, mais... je ne vois pas.

Le vieillard se mit à rire doucement.

— C'est le regard.

Et comme l'autre, pâle, restait muet, il toussa :

— Je n'ai plus de regard.

— Histoire bien simple, commença le bonhomme. Avez-vous eu des passions ?

Ancézune, qui croyait avoir aimé, se redressa. Quelques oui pensifs lui glissèrent des lèvres. Mais il était jeune, naïf, encore sans âme et sans épaules. Viveur fluet, il n'avait dû connaître de l'amour que le baiser, non la blessure. C'était un amant de soirs de fêtes ; le vieillard méprisa son sourire :

— Vous n'avez point eu de passions, je le vois. Si vous en aviez eu, lorsque je vous ai questionné, vos yeux m'auraient brûlé la figure. Ma passion à moi est dans ma poitrine comme un loup. J'ai toujours été passionné. A sept ans, si on me refusait quelque objet, certaines mécaniques par exemple, telles que chevaux articulés, toupies ou pantins automates, je me roulais dans d'affreuses crises d'épilepsie. Le désir fut pour moi un état dangereux, dans l'excitation duquel disparaissaient le monde extérieur et sa loi, plate comme une règle. Au contraire, la possession m'inondait de son extase, et l'amour que vous offrez aux femmes, je le donnais à des choses d'une infime valeur apparente, mais qui, pour mes sens, acquéraient un prix oriental, parce que je les avais dans mes mains, pour moi, pour moi seul !

L'homme sans regard.

Le bonhomme fit une pause, pendant laquelle, essayant encore de regarder ses yeux clairs, Ancézune se sentit un frisson d'effroi par tout le corps.

— J'ai donc eu, après de bien nombreuses passions, celle du *vitrail*. Remarquez à quel point, pour être nées dans le désœuvrement, étaient modestes mes envies. Par une sorte de dilettantisme, j'avais rayé de mes tyranniques admirations « le désir des grandes choses ». Il est si banal de rêver l'impossible ! Chaque Parisien ne s'éveille-t-il pas trois cents fois par an avec un milliard dans sa poche ? Quel est l'officier aux chevau-légers qui ne voulut être au moins une fois empereur ? Tout cela n'est le plus souvent qu'une affaire de cauchemar. Six tasses d'épais café, vous voilà padischa ! Mais j'avais, en quelque sorte, le bon sens de ma folie.

— Que désiriez-vous ? Voir un vitrail ?

— Voir un petit vitrail signé d'un inconnu : Pacci Fiorlando Lazzo, dont j'avais admiré la reproduction en gravure dans un livre du XVIIe siècle. Le vitrail entier n'offrait de remarquable, je dirai même de céleste, qu'un de ses losanges de droite où priait *Sainte Sophrona*. Ah ! monsieur ! monsieur !

— Quoi donc ?

— J'avais désespéré de trouver la sainte, lorsqu'un jour de l'année 1809, dans mes promenades d'émigré, comme je visitais une église d'Osnabrück, en Hanovre, je dénichai l'Image, illuminée par Dieu ! Ma passion n'était pas celle d'un enfant ; je m'y connais en toutes sortes de passions ; je suis né en pleine guerre de Bohême, au moment où la Diète hongroise s'écriait : « Mourons pour notre reine! » A quinze ans, je frémissais déjà aux genoux de plus d'un monstre, mais les femmes sont de petits embarras parfumés, allez donc les admettre au feu de cette existence de rêve ! Eh bien, monsieur, jamais je n'ai eu de jouissance plus pure qu'en face de cette femme vêtue d'une robe mauve, qui joignait ses doigts et regardait au fond de l'église avec des yeux de jade si profonds qu'ils faisaient palpiter les chapiteaux et les trèfles. Cette ville qui n'est fameuse que par son traité de 1648 est maintenant immortelle par cette femme. Ah ! monsieur ! mon cher monsieur !

Ancézune observa plus attentivement cette crise aiguë de folie.

— Savez-vous ce que j'obtins des prêtres?

— Dites.

— Je pus appliquer une échelle tous les matins et tous les soirs aux pieds de la sainte, et contempler le vitrail à mon aise, après chaque office. Voilà qui est un tour, hein ! Quel tour je leur ai joué !

— Mais, oui, car votre passion m'a tout l'air d'un amour profane.

— Monsieur, continua le vieillard sans écouter, aucun de mes sourires ne commit d'indiscrétion ; je faisais des grâces devant le divin, Dieu seul a su mon péché. Pendant quatre mois, j'ai fait trente copies ridicules. On ne me nourrissait à mon hôtel que de melons d'eau et de cigares. Je saturais mes membres d'étrangeté, pour que mon corps fût à la tempérance du cœur. Au bout de trois mois, la nuit profonde se fit dans ma tête, et je faillis tomber de mon échelle. Quand je revins en France, j'étais en quelque sorte aveugle-voyant : ma rétine subissait passivement les images, mais je ne dirigeais plus ma vue...

Il y eut un silence, et le bonhomme murmura :

— J'avais laissé là-bas, sur elle, *mon regard.*

***

C'est d'une sœur de Sophrone que je tiens l'histoire, d'une sainte qui me la conta derrière les clématites de sa rosace. Depuis, comme au fond d'un rêve, je revois cet homme et ce vitrail, symboles de la *Contemplation* et de la *Beauté* : l'homme fini, mais le vitrail continuant sa destinée lumineuse, de plus en plus éclatant sous ce regard humain. Ce fragment de vie ne disparaîtra pas, la chimie de la mort n'y oserait toucher, il est devenu l'âme d'une image ; et j'envie mélancoliquement cet obstiné vieillard, le seul de nous en ce monde qui ait pu donner *quelque chose de soi* au Chef-d'œuvre.

Retour d'Exil.

Le 12 juillet 1792, un régiment de Berchiny, sabre main, foula les badauds qui menaçaient les Tuileries. Un homme fut tué sur le Pont-Tournant, et les gardes-françaises, abandonnant leurs casernes, se mêlèrent à l'insurrection.

Ces graves événements n'embarrassèrent ni le comte d'Aulignac, ni le comte de Lachau qui, le soir, comme tous deux d'ailleurs s'y étaient accoutumés, entrèrent chez la marquise de Comménil, en sa petite maison de Poissy, et l'épée débouclée, s'installèrent à côté d'elle pour commencer un brelan.

La nuit tombait. Personne ne parla de Paris.

On avait allumé les lampes. Tandis que le jeu allait, aux claques douces des cartes, ce fut de bagatelles qu'on s'entretint. Une jambe balancée, le comte se moqua des migraines qui soulevaient de furie le bon La Valette, père de Mme de Juigné, quand il avait fait une heure de leçon à M. le duc d'Orléans. Le vicomte, à son tour, narra une scène qu'il venait d'avoir avec une espèce de César Ducrest, neveu de Mme de Genlis. La marquise surveillait son jeu.

— J'ai trois rois, dit-elle, je parie par l'amour de M. de Provence que je gagnerai.

— Et moi, moi j'ai trois dames !

— C'est du bonheur, dit M. de Lachau.

— Trois dames, reprit le comte, qui jointes à une quatrième qui tourne...

A ce moment, les servantes ouvrirent la porte :

— Madame ! On brûle Paris !

L'escalier grondait sous un pas.

Juste comme ils se levaient, un ami commun, envoyé par M. de Saint-Blancard, capitaine aux gardes-françaises, entra et dit précipitamment qu'il venait de Saint-Leu, que la noblesse fuyait, qu'ils n'eussent qu'à se préparer, vite, vite, vite !

— Merci, bon. Troussette ! Céline ! Ange ! Mes malles ! On va z'aller promener. A revoir, mes chers ! C'est dit, nous partons ensemble. Un petit tour, on revient. Laissons là les cartes. Cette révolution, une occasion de revoir mon linge.

Elle disparut avec ses servantes.

Le lendemain, tous étaient partis.

*
* *

Un mois après, installée à Pau, Mme de Comménil fut déçue ; le « petit tour » menaçait de ne pas finir. Alors elle confia sa fortune à M. Durvet, banquier de la cour, ne prit qu'une somme peu considérable, dans l'espérance d'un prompt « revenez donc », et partit rejoindre ses amis en Suisse.

Ils étaient à Aix-la-Chapelle, avec la comtesse Diane, belle-sœur de la duchesse de Polignac. Escortée de huit malles et de vingt et un paquets, elle repartit à la chasse de ses sucrés ; mais comme elle arrivait, le comte d'Artois les emmenait à Coblentz, où l'Electeur de Trèves offrait asile.

— Y sont-ils réellement ? demanda-t-elle.

— Ils y sont.

De nouveau, blottie dans le coche, elle prit la route de Coblentz, mais les joueurs de brelan venaient d'en sortir, chargés d'une mission pour l'un des Princes de Prusse. Alors elle tint où elle était descendue, et chaque semaine alla faire luire ses amours d'yeux aux bougies de l'Electeur, à Shaunbaryslust.

C'est là qu'elle apprit le siège de Thionville, et plusieurs affaires « désastreuses », entre autres celle de Valmy. L'armée des princes fut dissoute, il ne resta plus que celle de Condé. Le comte d'Aulignac était parti pour les Indes, et le vicomte de Lachau..., le savait-on ?

Ce fut pour la marquise une grande mélancolie. Mais on la venait voir, on causait de Versailles ; chacun étalait pour elle ses souvenirs ; c'est en ce temps là qu'on la faisait rire en lui contant le vol arrivé à un jeune M. de Quinsonnas, lequel avait porté sa fortune à une vieille dame, au moment d'aller à la guerre. « — Me voilà, dit-il en revenant. — Hé donc ! Vous n'êtes point mort ? — Oh ! ma cassette ! fit-il avec effroi. — La voilà, répondit la dame, mais il en reste bien peu. » Ainsi riaient les salons.

Mais les républicains poussaient leur marche, ils passaient les frontières, faisaient mine d'envahir l'Europe.

De la forteresse d'Ehrenbreistein déjà attaquée, parfois en bateau, souvent en charrette, elle s'enfuit à Rotterdam, et c'est dans cette ville qu'elle apprit la mort du roi, qu'elle lut la liste des exécutions : « Mes danseurs... » dit l'incorrigible. Elle en demeura triste, il faut le croire, mais une minute fanés, ses fins clairs yeux, comme des mauves, refleurirent.

Aux bises d'exil les amitiés anciennes peu à peu tombant, s'envolant, elle prit la résolution d'aller vivre avec les Anglais, refit pour la dixième fois ses malles, et suivie de Troussette, car les deux autres, Ange et Céline, avaient pris maris en voyage, elle débarqua, flûtant un air de

Les émigrés rentrent en France.

pavane, à Harwick, cité maussade, où les agents du gouvernement qui l'accueillirent n'obtinrent d'elle, qu'un mot, l'unique d'ailleurs que sa tête folle eût gardé : *yès* ! mais un *yès* si hardi, si doux, si drôlet, mordillé par de si fraîches dents...

Et, dès lors, ce fut fini. On ne la revit plus.

Personne n'aurait pu savoir, deux ans après, où ce sourire s'en était allé. Elle traversa, on pense, l'Angleterre, et la quitta, dédaigneuse, trop indépendante pour quêter une aide. Mais, divine, sous quels ciels errait cette âme? aux hasards de quelles mers vagabondaient ces yeux, cet esprit froissé d'avoir perdu ses amis, ses amours? A jamais ce fut un mystère.

La noblesse, réfugiée en partie dans l'île, s'informait de Mme de Comménil et de MM. d'Aulignac et de Lachau, mais d'un air distrait, à longs intervalles. Pour tout le monde, ces trois cœurs avaient vieilli. On se disait leurs fantai-sies, leurs grâces, leur pimpante et claire jeunesse. Tout cela était donc mort... Amen. On avait vu M. de Lachau à Epsom, monté sur un cab, pauvre, désabusé de l'amitié des princes, mais en route quand même, aux ordres de M. le comte d'Artois, pour l'expédition de la Bretagne. M. d'Aulignac était à Venise, tout à fait ruiné, il avait une barque au grand Canal et s'instruisait sur la mandoline. La France, pendant ces petits chagrins, hurlait en tempête à l'orée d'Europe. On apprit un jour que le vicomte de Lachau, las de servir, s'était blotti en Turquie. Quant à M. d'Aulignac, il avait quitté Venise et rôdait aux diables, à Oufa, d'où il sortait de temps en temps, vêtu en sauvage, pour tuer la bête dans les gorges.

— Ce pauvre ami, disait-on à Londres, il doit languir de sa marquise.

— Et Lachau, son « second soupir », où est-il allé, celui-là?

— Le sait-on? Comme tout se disperse. Il est peut-être tué.

— What a pity... Quel dommage !

Et on parlait d'autre chose.

Douces recluses, en face du palais, à Édimbourg, mélancoliaient et rêvaient la duchesse de Guiches et Mme de Polastron ; plus loin, Mme de Poulpry, Mlle de Lage et les Polignac. Toutes ces dames gardaient mémoire aux trois amis.

— Que devient cette joueuse de Comménil? demandaient-elles aux voyageurs.

— M. d'Aulignac?

— M. de Lachau?

Personne ne savait... On faisait un petit geste ; et le fil des causeries, un instant brisé, se renouait à la pointe d'une langue, la plus adroite, celle, le plus souvent, de l'indiscrète et gracieuse Guiches : « Contez-nous les nouvelles? »

— Mais, chère amie, disait Mme de Polastron, je ne sais que ce que vous savez toutes.

— Oui. Il paraît qu'un jeune militaire vient de prendre un ascendant immense dans l'armée par ses talents, et fait des prodiges en Italie.

— On le dit, et Mme de Gontaut m'en parle cette semaine dans une lettre.

— Est-il noble?

— Du fretin corse. Un ami du père de Mme de Gontaut l'avait fait passer de Brienne à l'École militaire. La mère de la duchesse disait qu'il avait *une tête*, et lui offrait à dîner. Un jour, la « petite souris » voulut tirer son épée. « Il m'en donna, dit Mme de Gontaut, une tape sur les doigts en me disant : *On ne touche pas à cela*. » Cette escopette corse s'appelle Bonaparte ; connaissiez-vous ce gentilhomme? etc... etc...

On se taisait.

Un bâillement fin s'étouffait sous les éventails.

Les dames se levaient, distraites, et couraient aux expositions voir les lainages.

À Douvres, au bord de la mer conseillée pour les enfants, de petits salons pensaient encore aux disparus.

C'était chez Mme du Touïllage, chez la comtesse de Boissain, au château de Deal que M. Pitt leur avait fait prêter. Le bruit des canons de Bonaparte leur arriva comme un grondement d'océan : la Trébia, Novi, Zurich, Mont-Thabor, Aboukir. Le cheval du Consul, même, hennit du côté de l'Angleterre. Marengo, Hohenlinden haussèrent leurs torches, et il fallut bien, cette fois, que la noblesse exilée contemplât César. « Tout de même, est-il allé loin, ce jeune homme... » Mais, indifférentes, les mémoires s'en allaient ailleurs.

— On a des nouvelles de M. d'Aulignac.

— Ah !

C'était exact.

Las de l'Oural qu'il dépeuplait, le comte avait apporté sa pierre, une grosse part de ses nouvelles richesses à la fondation d'Odessa. À peine l'avait-on vu. Les amis songeaient :

— Et Mme de Comménil?

— Nous ne savons rien.

— Et de Lachau?

— Rien non plus.

Les années passaient, pour les émigrés, à entendre du coin de leur feu le grand écho de l'Empire.

Austerlitz tonna. Auerstaedt, Iéna, Eylau, Dantzig, Friedland. Les guerres d'Espagne et d'Autriche, Saragosse, Eckmühl, Essling, Wagram défilèrent en trombes. Mariage de rois : le lieutenant corse épousait une fille impériale, Bernadotte devenait souverain. Un roi naissait à Bonaparte. Ils furent stupéfaits.

— Qui l'eût pensé? Ah ! si les amis savaient, pouvaient voir...

Et on reparlait des absents.

— Mme de Comménil?

— ...

— Et le bruyant d'Aulignac?

— ...

— M. de Lachau, alors?

— ...

D'autres clameurs arrivaient de France. Il neigeait en Russie.

On apprit Smolensk, la Moskowa, l'incendie de Moscou.

Puis la retraite.

A ce moment, les exilés se redressèrent.

— Enfin...

Lutzen, Dresde, Bautzen, Leipzig, Hanau.

Tempête en Champagne.

L'Europe autour de Paris.

Alors, ils songèrent à leurs malles.

— En route... dirent-ils.

Les années avaient glissé, tristes. Sans oser se regarder, ils rentrèrent.

Ils rentrèrent, flétris de chagrins et d'ans, les uns dans leurs hôtels délabrés, où s'émiettaient des Amours sans ailes ; d'autres au loin, dans le Midi, en des châteaux qui ne les reconnaissaient plus ; beaucoup autour de Paris, dans les retraits des maîtresses ; une centaine à Versailles, trente peut-être à Marly, dix à Sèvres, — un seul, à Poissy...

Un seul qui traversa la rue, certain soir, en habit de voyage, et s'arrêta sur un banc, devant une porte fermée.

Il était vieux ; mais un autre homme arrivait, vieux aussi :

— C'est vous, Aulignac?

— C'est vous, Lachau?

Ils avaient parlé bas, se touchant la main.

— Et la marquise?

Un pas s'approchait, pénible :

— Me voilà. *Dear me* ! Déchargez-moi de ce paquet, que j'ouvre.

La porte s'ouvrit, tout étonnée, grande, et l'âme de la maison se réveilla.

— Je vais la première. Voici des bougies. Éclairez.

Tous trois montèrent, passèrent dans une chambre dont on ouvrit les fenêtres. Rapprochés l'un de l'autre, à la flamme, ils se regardèrent un moment, silencieux, de près...

Ils se retrouvaient, à la même heure, au même instant, venus des quatre coins du globe, sans s'être avertis. Ils avaient vingt ans d'ombre au fond des yeux, vingt ans de mystère, ils se revoyaient devenus vieillards. Qu'avaient-ils fait, chacun, durant cette éternité? Quels espoirs les avaient poussés dans le monde, surtout quelles aventures, quels tourments, quelles amours trahies la marquise avait dû souffrir pour leur apparaître, après tant d'années, si plaintivement pâle, blanche, sans force, belle comme jadis, mais d'une beauté si meurtrie, qui demandait grâce... Ils frissonnèrent et s'assirent.

Ils n'osaient parler, atteints tous trois par la souffrance la plus horrible de la vie, le regret. Égoïstes, voulant le chasser, ils contemplèrent les murs au long desquels, par miracle et jamais, nuls yeux étrangers n'avaient laissé de souillure. Les cartes à jouer, anciennes, étaient là, comme il y avait vingt ans, poudrées de poussière, séparées en trois paquets. Alors, sans même le vouloir, les gestes du passé revinrent dans leurs bras, leurs coudes, aux brisures de leurs tailles, dans la façon frileuse dont ensemble ils avancèrent leurs sièges. Mme de Comménil prit les cartes, mordit comme autrefois l'un de ses ongles, et quelque chose de divin, une sorte de souffle essuyant de leurs têtes ces vingt années, elle chuchota, brisée mais charmante, l'œil sur son jeu :

— *Nous disions donc, Aulignac, trois dames...*

Avaient-ils seulement quitté la chambre? La Révolution? L'Empire? vingt ans de bruit, rêve de vingt secondes, peut être... Ils eurent l'un pour l'autre un coup d'œil profond, secret, unique :

— Trois dames, reprit le comte, qui jointes à une quatrième qui tourne me donnent gain. Battons.

Et le jeu, un peu plus tremblant que jadis, recommença.

FIN

Palais de Fontainebleau.

IMPRIMERIE CRÉTÉ
CORBEIL (S.-ET-O.)